江戸文化いろはにほへと

粋と芸と食と俗を知る愉しみ

駒形どぜう　六代目
越後屋助七

亜紀書房

口上　道場開き

江戸文化道場・道場主
駒形どぜう　六代目 越後屋助七

私ども「駒形どぜう」の本店地下一階で年六回、隔月に開催しております「江戸文化道場」は、おかげさまで平成二九年一二月四日に記念すべき第二〇〇回を迎えました。

そもそも「江戸文化道場」のはじまりは、先代である私の父繁三の考案によるものです。三男でもあった父は、学業を続ける希望をもっていましたが、大正一二年の関東大震災で店も財産も失った祖父（安政三年生まれ）の健康上の理由から、翌年旧制府立三中（現都立両国高校）卒業と同時にどぜう屋を継ぐことになりました。

震災後に本店を再建し家業に励んでおりましたが、東京大空襲でふたたび店は全焼。歴代の

「駒形どぜう」当主のなかでも、五代目の父は本当に苦労の連続であったと思います。

元来、父は日本の伝統的な文化に興味があったのでしょう。謡曲を習い、歌舞伎見物に出かけては役者の着物の着方や柄などを楽しんでいたようです。また、戦前から親しくしていたお隣の「田多梅」という畳屋の粋なおじさんの影響か、千社札や骨董にも興味があり、私もお供をして日本橋や谷中の骨董屋に出かけたのを覚えております。

明治生まれの父は、空襲で一部が焼けた皇居が造営されるまでは店もバラックで通すと意地を張っていましたが、ついに昭和三九年東京オリンピック開催が決まり、皇居も新しくされたのを機に、戦前の店舗と変わらぬ木造建築の本店を再建しました。令和二年、ふたたび東京でオリンピックが開催されることを思うと、誠に感慨深いものがあります。

父は、江戸の文化に精通された新聞記者であり戯作者でもあった鶯亭金升《おうていきんしょう》さんとのお付き合いから、久保田万太郎先生や安藤鶴夫さん、そして新派の花柳章太郎さんや歌舞伎の二代目市川猿之助さんといった方がたが、親しく店にお越しくださるようになりました。父の一番好きなお酒談義は文化の話ばかりで、それは賑やかで楽しそうに過ごしておりました。

昭和二七年頃、私がまだ学生のとき、父は「うちは江戸からの料理屋なんだから、年間三〇万円は江戸文化のために使うのだ」といっていたのを記憶しています。いまの三〇〇万円くらいに相当するのではないでしょうか。

私は大学卒業後、京都の「美濃吉」さんで一年余りではありましたが奉公をしたのち、家業の「駒形どぜう」に入りました。そのとき父に「うちの料理の味に込められた江戸の文化を勉強して、お客さまにも伝えたい」と相談したところ、ご登場いただく講師の方も大勢存じ上げていることから「江戸文化の教室を開いては」と話がまとまりました。

「どじょう屋」だから「道場」がいいだろうと、名前は「江戸文化道場」に決めました。そして会員のお客さまには、講師のお話を聞いたあとは、どぜう鍋を召し上がっていただきます。年に六回の道場を皆勤されると一年に一段ずつ段位が上がり、一〇段になると修了証と食事券を差し上げるという仕組みもつくりました。会員の資格は相続できるので長年親子で参加されたり、お客さま同士が仲良くなってお子さまが結婚されたという嬉しいこともありました。

昭和六一年四月七日、父が親しくしておりました香具師《やし》の坂野比呂志さんをお招きし、「やげん堀中島商店」の先代のご主人を交えて賑やかに七色唐辛子売りの実演で幕明けした「江戸文化道場」。

あれから三三年、江戸の芸や技、味に関わることをされていて、私が直接お目にかかり「江戸らしいお話をぜひお客さまと聞きたい」と思う方がたにご登場いただいてまいりました。私どものどぜう料理が江戸の本物の味を追求しておりますように、芸能であれば実演を、工芸であれば実物をお見せするように心がけております。

本書では江戸文化道場の開講二〇〇回を記念して、いままでご登場いただいた江戸文化を色濃く伝える講演者の方がたのなかから、とくに印象深かったお話を厳選してまとめました。また江戸時代から東京でお商売を続け、文化を大切にしておられる「東都のれん会」のお店も何軒かご紹介させていただきました。

今宵も江戸の味と香りを伝える「どぜう鍋」を肴に、江戸文化の粋に酔っていただければ、道場主として望外の喜びに存じます。

もくじ

口上 道場開き……1

第一章 教養篇――江戸の暮らしと知恵を知る

一 江戸の町と人情

江戸の町に響く物売り（坂野比呂志・大道芸人）……14
佇まいが江戸の粋（悠玄亭玉介・幇間）……17
江戸の色――藍染めに込めた心意気（永六輔・作家）……20
江戸っ子が夢を託した「富くじ」（浦井正明・東叡山寛永寺執事）……23
江戸の金銭のしくみ（榎本滋民・作家）……26
江戸火消し（白井和雄・消防史研究家）……29

江戸の『講』（林えり子・作家）……32
江戸の不思議な化け物たち（アダム・カバット・武蔵大学教授）……35
「火事と喧嘩は江戸の華」（平野英夫・基角堂コレクション主事）……38
艶やかな男気（坂本五郎・「彫甚」刺青師）……41
江戸末期の番付表（吉村武夫・作家）……44
日本の美しい姿・江戸しぐさ（越川禮子・作家）……47
屁の突っ張りにもならない話（大沢悠里・ラジオパーソナリティ）……50

二　江戸の味

江戸と上方の食文化（平野雅章・食物史家）……53
江戸っ子流「不老長寿」（永山久夫・食文化史研究家）……56
やっちゃ場から見た江戸の野菜と果物（小峯定雄・江戸青果物研究連合会会長）……59
江戸の酒のミステリー（小泉武夫・東京農業大学教授）……62

三　風俗と技

江戸囃子と「駒形繁盛太鼓」（丸謙次郎・江戸里神楽・若山社中邦楽囃子笛方）……65
浮世絵に見る浅草（河井正朝・慶應義塾大学名誉教授）……68
千社札と浮世絵版画（関岡扇令・木版画摺師）……71
俳句と落語（九代目入船亭扇橋・噺家）……75
洒落と反抗から生まれた江戸の狂歌（春風亭栄枝・噺家）……78
江戸鼈甲（森田正司・江戸鼈甲師）……81
江戸っ子の美学の粋・江戸指物（井上喜夫・江戸指物師）……83
江戸手ぬぐい（川上桂司・「ふじ屋」店主）……86
江戸風鈴の音色を愉しむ（篠原儀治・「篠原風鈴本舗」二代目）……89
江戸千代紙（小林一夫・全日本紙人形協会会長）……92
江戸の豆玩具（木村吉隆・江戸趣味小玩具「助六」五代目）……94
江戸の暮らしと提灯（恩田瞬史・「大嶋屋恩田」五代目）……98

第二章　実践編——粋なおとなの愉しみ

特別対談——駒形どぜう六代目 × 宝井琴梅（講釈師）……102

一　歌舞伎・能・文楽

歌舞伎を愉しむ方法（小山観翁・イヤホンガイド解説員）……116
歌舞伎の「隈取」（坂東三津之助・歌舞伎役者）……119
将軍と能楽（坂真太郎・観世流能楽師）……122
文楽体験（吉田幸助・文楽人形主遣い／高木秀樹・イヤホンガイド解説員）……125

二　大相撲

櫓太鼓（米吉・呼出し）……128
相撲甚句（福田永昌・日本相撲甚句会会長）……131

三　本日も大入り「駒形寄席」

落語で聞く江戸の世界　1（柳家小八・噺家／三遊亭圓彌・噺家）……135
落語で聞く江戸の世界　2（柳家小たけ・噺家／柳家小里ん・噺家）……137
落語と講談で知る江戸（桂文華・噺家／宝井琴柳・講釈師）……138
女流講釈師と女流噺家の競演（一龍斎春水・講釈師／古今亭菊千代・噺家）……140
江戸庶民の金銭感覚を学ぶ（柳家さん八・噺家／小金井芦州・講釈師）……141
落語で聞く江戸の女（金原亭小駒・噺家／蝶花楼馬楽・噺家）……143
噺家の余興・住吉踊り（三遊亭圓彌・噺家／金原亭馬生・噺家ほか）……144
寄席文字の世界（橘右近・噺家、橘流寄席文字家元）……146
リレー講談「忠臣蔵」
（一龍斎貞山・講釈師／一龍斎貞心・講釈師／宝井琴梅・講釈師）……150
講談・赤穂義士三〇〇年（宝井琴調・講釈師／宝井琴柳・講釈師）……151
めでた尽くしで歳の〆（田辺鶴女・講釈師／金原亭馬の助・噺家）……153

第三章　江戸・東京お買い物帖――名所に名店あり

＊講演者の肩書きは「江戸文化道場」にご登壇当時のものです。

第一章　教養篇——江戸の暮らしと知恵を知る

江戸の町に響く物売り

坂野比呂志
大道芸人

さかの・ひろし
［一九一一—一九八九］
大道芸人／東京・深川生まれ。活動写真の弁士を経て、浅草オペラや軽演劇の舞台に出演、戦後は漫才や漫談などで寄席で活躍。一九八二年、公演「大道芸＝坂野比呂志の世界」（於木馬亭）で文化庁芸術祭大賞を受賞、その演目は三十数種を数える。

「甘いも辛いもお好み次第。まず最初に入れますのは武州川越の黒胡麻、紀州有田の名産は蜜柑の粉、江戸は内藤新宿八房の焼き唐辛子、讃岐高松の名産唐辛子の粉、静岡朝倉の粉山椒、大和の国は芥子の実、野州日光の麻の実、そろいまして七味唐辛子」

「駒形どぜう」本店の地下一階で開催する江戸文化道場は、江戸の香りをいまに残す大道芸人、坂野比呂志さんの一八番《おはこ》「やげん堀唐辛子売り」の口上で道場開きをいたしました。

坂野比呂志さんは、「ガマの油売り」や「バナナの叩き売り」など香具師《やし》の物売りの口上を大道芸とした第一人者で、戦前から浅草で活躍していた芸人です。

映画『男はつらいよ』で、渥美清さん演じるフーテンの寅さんが地方の神社の縁日で「バナナの叩き売り」をする口上を聞いた方もいらっしゃるでしょう。いまはほとんど見かけることのなくなった香具師ですが、私が子どもの頃、それは賑わっていた浅草寺の境内には大勢いました。たとえば落語でもお馴染みの「ガマの油売り」。ガマの油とは筑波山名物の土産物として売られていた傷薬の軟膏です。「サァサァ、お立ち会い、ご用とお急ぎでない方はゆっくりとお聞きなさい」ではじまるガマの油売りの口上は、もともとは浅草寺境内奥山で、居合い抜きの芸を披露していた辻売りの芸人によるものだそうです。こういう香具師の口上とお客さんたちの反応が面白くて、観音さまの境内に見にいっては親から叱られました。子どもがあんな人出の多いところに行ったら、人さらいにさらわれると。

眼光鋭く、渋いながらもよくとおる声でまさに立て板に水のように香具師の口上を語る坂野比呂志さん。短気で喧嘩っ早いけれど、所詮は「五月《さつき》の鯉の吹き流し」。「口先だけで、はらわたなし」の典型です。そして清濁あわせ呑む気っ風のよさもあって、一緒にいると「江戸っ子って、まさにこういうひとだったんだろうな」と思わせる人物でした。

さて、江戸文化道場の幕開けに「やげん堀唐辛子売り」の声を響かせてくださったのには理由があります。

蜜柑の皮を乾燥させた陳皮《ちんぴ》は咳止めと風邪の予防になり、黒胡麻はリノール酸が豊富で髪に艶を与えます。そして、香ばしさを出す焼きと生の二種類の唐辛子はともに健胃剤の役割があり、山椒は駆虫と食欲増進、芥子の実と麻の実は植物性の油分により精神を安定させるといわれています。つまり、漢方薬的効能にも優れた「七味唐辛子」は江戸の知恵。そして、江戸の昔から、どぜう鍋になくてはならないものなのです。

浅草に二店舗を構える「やげん堀中島商店」さんは、寛永二年（一六二五）創業で、初代が七味唐辛子を作り出し、江戸中に広めたそうです。「駒形どぜう」でも江戸の創業以来、やげん堀の七味唐辛子を店に置いております。

ちなみに江戸では「七色《なないろ》唐辛子」と呼ばれていたのが、いつからか関西での「七味《しちみ》唐辛子」というのが一般的になりました。それでも、私はいまも「七色唐辛子」と呼んでいます。

一　江戸の町と人情

佇まいが江戸の粋

悠玄亭玉介

幇間

ゆうげんてい・たますけ
［一九〇七―一九九四］
幇間芸人／東京・浅草生まれ。噺家時代は、歌舞伎の声色を得意とした。のちに幇間に転じ、テレビやラジオなどでも活躍。日本の数少ない幇間の第一人者として「最後のたいこもち」と呼ばれた。主な著書に『たいこもち玉介一代』（草思社）、『幇間の遺言』（集英社）など。

明治四〇年（一九〇七）生まれの悠玄亭玉介さん。宴席や、芸者さんを呼んでのお座敷などで、お客の旦那の機嫌をとり、自らも芸を披露して場を盛り上げる幇間《ほうかん》のなかでも、「日本最後の幇間」とまでいわれた方です。

「幇間てのは、お座敷にはべった以上、場を盛り上げる商売。だからって芸をやりすぎると、自分のあそびになっちゃう。つまり間《ま》の商売です」

幇間がお辞儀をするとき、ほかの芸人と違うところがひとつあるそうです。扇子を横に置いて結界をつくり、上座と下座のへだてをつけるところまでは同じですが、お辞儀をするときに絶対に目を離さず、そのお座敷の空気や雰囲気をしっかり見る。そして、座の空気をつかんだら、どんなに機嫌の悪いお客でも、帰りは御祝儀をはずむというところまでもっていく。とにかく人をもち上げるのがうまいんですね。幇間は別名「太鼓持ち」ともいいます。

「太鼓持ちの語源は、どっから出たかと申しますと、織田信長の時代に太鼓打ちの名人がいまして、大名の屋敷に呼ばれていくとき、当時は太鼓を載せる台がありませんで、弟子のなかでも一番太鼓をもつのがうまい弟子を、ほかの弟子がやっかんで『あいつは、太鼓持ちだ』といったのがはじまりです。

さらに、豊臣秀吉の時代になりまして、曽呂利新左衛門《そろりしんざえもん》っていう調子のいいひとがいて、『今日は太閤殿下のご機嫌が悪いから、曽呂利にいえば取りもってくれる』っていうのが、太鼓持ちのはじまり。幇間は、どんな高貴な方とでも、お座敷にはべって一緒にお酒を飲める商売です。だから品が悪くちゃだめよ」

玉介さんは、お座敷に出て少しでもお客さまにご不快な思いをさせてはいけないと、毎日床屋に行っていて、足袋も一度履いたものは二度と履かないという徹底ぶり。本当に粋で、身ぎれいな方でした。そして、注ぎつ注がれつでお酒をどんなに飲んでも、ぜったいに酔わない。お酒がめちゃくちゃに強い。

「花柳界てのは、大体が女の社会。あたしたちがはべったからには、芸者衆の五人前、一〇人前くらいは盛り上げる役をしなくちゃいけない。それだからこそ、お座敷に呼ぶ価値があるということになるんです」

玉介さんの一八番《おはこ》は、やはり屏風芸。屏風で身体を隠して、顔と手足だけ見せて、声音《こわね》で男と女の戯れごとをひとりでやるのですが、嫌らしくなくて清潔感がある。もともとは声色《こわいろ》を得意として寄席《よせ》に出ていた噺家さんですから、お座敷のお客さまをぱっと見て、小咄をやれば浅草オペラも唱うという、本当に器用で芸の巾が広い。小柄なひとなのに、芸の力でお座敷ではたいそう大きく見えました。

八〇歳を過ぎても生涯現役を貫いた玉介さんは、毎日腕立て伏せをして体を鍛えていました。座興で力くらべとなったとき、着物の袂をまくりあげると筋肉もりもりだったので驚いたことをよく覚えています。

江戸の色――藍染めに込めた心意気

永六輔　作家

えい・ろくすけ
［一九三三―二〇一六］
ラジオパーソナリティ、作家、作詞家／東京・浅草生まれ。早稲田大在学中からラジオの放送作家として活躍し、草創期のテレビの番組制作にも関わる。主な作詞「上を向いて歩こう」「こんにちは赤ちゃん」など多数。主な著書に『大往生』（岩波新書）など。

浅草のお寺の息子として生まれた永六輔さんは、「駒形どぜう」のどぜう鍋や店の雰囲気を長年ご贔屓にしてくださり、江戸文化道場にも第三〇回、第一〇〇回、第一五〇回という節目ごとにご登場いただきました。

私と同じでせっかちな永さんは、いつも開演三〇分前にはマイクを握り、前座役まで引き受けるというサービスぶり。これも満員のお客さまをお待たせするのは失礼という優しさと、ご自分も待たされるのは嫌いという気の短さによるものでしょう。

この日、お持ちになった鞄も、ノートのカバーも何もかも藍染め。そして、お召しになっていたのは、背に大きく暴れ熨斗《のし》が刺繍された藍染めの刺し子の半纏《はんてん》。日本各地を旅して、失われつつあった伝統的な手仕事をとても大切にしていた永さんは、秋田出身の刺し子作家・吉田英子さんの半纏をいつもステージ衣装にされていました。

さて、現代は町に出ても家のなかでも「色」の大洪水、誰がいつどんな色をまとってても自由な世の中です。しかし江戸時代は、庶民に許された色といえば藍染めの藍色でした。植物の藍を染料とする藍染めは木綿と相性がよく、汚れがめだたない、虫がつきにくいので防虫効果がある、木綿の布がより丈夫になるなど利点がたくさんあり、普段の着物や作業着、暖簾に幟《のぼり》、そして布団の皮までとあらゆるものに使われていました。江戸の町では、染物屋が「紺屋」と呼ばれていたのはご存知かと思います。

江戸は享和元年（一八〇一）創業の「駒形どぜう」の暖簾も、もちろん藍染めです。藍の暖簾に染め抜いた「どぜう」の三文字は、「どぢやう」の四文字じゃ縁起が悪いと奇数にした初代の造語。当時有名な看板書きだった初代檣木屋《しゅもくや》仙吉の筆によるものです。余談ではありますが、火事や地震、戦災に見舞われるたびに、店を守っていた当主は自分の腹に暖簾を巻いて逃げたと聞いております。どんなに生地がしっかりしていても、いつかはすり減ってしまいますが、三枚暖簾のうち真ん中の「どぜう」と書かれたものだけは大事にお蔵にしまってあります。現在、店に掛かっているのは私の祖父の代からのものです。

江戸時代、幕府からたびたび贅沢禁止令が出され、庶民が身にまとっていいのは「木綿の藍染め」と規制を受けていたわけですが、そんななかでも藍色を幾種類にも染め分けてちゃんとお洒落を楽しんでいました。染料の藍汁を溜めておく藍瓶に一度だけ通した「瓶覗《かめのぞき》」から一番濃い「茄子紺」まで、なんと七〇もあり、その微妙な色の違いを大切にして、藍木綿の文化を築いていったのでした。

身分制度の枠のなか、精一杯の努力をして暮らしを楽しんでいた江戸っ子たち、制限があればあるほど「てやんでぇ」と心意気を示した庶民たち。現在は、何もかも自由で豊かではありますが、生きるエネルギーや頑張りに欠けているのではと、疑問を投げかけられてお話は終わりました。

たっぷりの笑いと、豊かな知識、そして社会に対する批判と、いつもながら盛りだくさんの永さんの文化道場。開演前に浅草寺の観音さまに「いい話ができますように」とお参りされたという永さんの気迫がみなぎるひとときでした。

一　江戸の町と人情

江戸っ子が夢を託した「富くじ」

浦井正明　東叡山寛永寺執事

うらい・しょうみょう
［一九三七―］
東叡山寛永寺長臈。天台宗僧侶／東京生まれ。慶應義塾大学文学部史学科卒業。主な著書に『もうひとつの徳川物語　将軍家霊廟の謎』（誠文堂新光社）、『上野寛永寺将軍家の葬儀』（吉川弘文館）など。

「えっ、あなた前後賞含めて一億五千万円当たったんですか！」

残念ながら、私のまわりにはまだこういう方はいらっしゃいませんが、大当たりの宝くじが出た売り場には長い行列ができるほど、年末恒例となったジャンボ宝くじ。そのルーツは、なんと江戸の「富くじ」にあります。

富くじとは、江戸時代にお寺や神社が主催したと聞いて、講釈していただくにはぴったりの東叡山寛永寺の浦井正明さんにご登場いただきました。

「富くじは寺院や神社が主催し、番号などを記した富札を売りさばきます。抽選の方法として、番号の書かれた木札を箱に入れて錐《きり》で突いて当たりの番号を決めたことから『富突《とみつき》』『突富《つきとみ》』と呼ばれました。つまり、富を突くということですね」

江戸では「御免富《ごめんとみ》」として幕府が認可したものだけが興行を許されていました。これは財政が厳しく寺社へ与える拝領金が負担となっていた幕府にとって、寺社のほうで効率よく資金を得られる方法であり、同時に博打《ばくち》をお寺や神社の境内という聖域に封じ込めようという狙いもあったそうです。

文政年間（一八一八〜三〇）の江戸の町では、毎月三〇か所あまりの寺社で富突がおこなわれていました。ということは、年間一二〇回、三日に一度、ということになり、今の宝くじ以上の盛況ぶりがうかがえます。とくに谷中感応寺《やなかかんのうじ》（現在の護国山天王寺）、湯島天神、目黒不動（目黒滝泉寺）の富突は「江戸の三富」といわれ、たいそう人気があって賑わったそうです。

富札の値段は一枚が一分。当時の職人の一日分に相当する結構なお値段なので、庶民が買うのは一枚の札を数人で分轄して買う「割札」でした。たとえば「十人割」という札は、仲買人が一分の富札を十人で割って発行したもので、このとき一割の手数料を取るので、一一〇文が一枚の値段でした。とはいえ、当たれば「千両長者番付」に載るほどのお大尽になるのですから、その熱狂ぶりがわかります。

富くじの興行当日は、まず番号を記した木札を木箱に収めます。そして大勢の観衆の前で、突き役が、木箱の蓋の中央に開けられた穴から錐を入れて札を突いて引き出します。まさに厳正なる抽選の方法ですね。

さて、富くじについてお話をされたあと、浦井さんは、江戸文化道場のために作成した当時のものと同じ原寸の富箱を使って突き棒で木札を突くというパフォーマンスをされました。

「鶴の、一五四八番」

「ああ、当たった、当たった！」

江戸時代を体験するおあそびとはいえ、景気のいい話に会場は大いに賑わいました。

江戸の金銭のしくみ

榎本滋民
作家、落語研究家

えのもと・しげたみ
［一九三〇―二〇〇三］
劇作家、演出家、小説家／東京生まれ。近世文学・芸能に造詣が深く、戯曲・小説の創作を手がける。落語研究家として長寿テレビ番組『TBS落語特選会』に出演。主な著書に『古典落語の世界』（講談社）、『古典落語の力』（筑摩書房）など。

江戸文化道場に何度かご登場いただいた劇作家の榎本滋民先生は、毎回、開口一番「これからお話すことは、生きてくうえでなんの役に立つものではございません」といわれます。たしかに文化というのは、そういうものかもしれませんが、だからこそ大切に継承していきたいものだと思うのです。

さて、テレビの時代劇を見るときや、落語や講談を楽しむときの参考になればと、今回は江戸の金銭についてのお話です。

まずは当時の物価を、具体的な例を挙げながら説明しますと、蕎麦一杯一六文、酒一合一二文から二四文、湯銭八文、髪結い三二文、どぜう汁一六文、大工左官の日当三二〇文。

ということは、職人が一日の仕事を終えて、銭湯でひとっ風呂浴び、どぜう汁を肴に一杯飲んで飯を食い、その後ちょっと町内にある寄席で腹をかかえて笑う、なんていう暮らしをすると、だいたいが二〇〇から三〇〇文かかってしまうわけですね。

「江戸っ子は宵越しの銭をもたない」とよくいいますが、実際は稼いだ金をその日に使い切ってしまうから、明くる日までもてなかったということなのです。

江戸時代に流通していた金・銀・銭の三貨は、それぞれ異なる単位をもっていました。金貨の単位は四進法で、一両は四分で一六朱、枚数で数えました。これに対して銀貨の単位は十進法で、一貫目が一〇〇〇匁、一匁は一〇分で、重さが単位となっていました。そして、庶民が日常の暮らしで使っていたのは銭で、一個が一文でした。

なんとも複雑で面倒な貨幣のしくみで、これを頭に入れて生活していた江戸の人たちというのは賢かったにちがいありません。

江戸の初期、一両は銀四三匁から五〇匁、銭四貫文（四〇〇〇文）。現在のお金に換算すると、約一〇万円。ゆえに八つあん、熊さんのような庶民には高額貨幣であった小判などは滅多に触ることはできませんでした。

千両箱とは一両小判が一〇〇〇枚入り、その小判の総重量が一八キロ、木箱が五キロで、計二三キロ。従って、テレビで盗賊が、千両箱をふたつもみっつも軽々と担いでゆくというのはちょっと無理な話。

ここで、金銭・貨幣にまつわる慣用語句を並べてみますと……

「一文惜しみの百失い」

「一両御前　一分旦那　ただの一朱はぶあしらい」（金額によって愛想が変わる）

「サンピンー三両一人扶持」（最下級武士の年俸）

「百で四文」（質の利息）

「酔い覚めの水千両」（値打ちがある）

まさに時代劇や落語が二倍楽しめるような情報満載の一夜でした。

一　江戸の町と人情

江戸火消し

白井和雄

消防史研究家

しらい・かずお

［一九三五―］

消防史研究家／東京生まれ。法政大学卒。元東京消防庁消防博物館館長。主な著書に『江戸火消錦絵集』（岩崎美術社）、『火と水の文化史　消防よもやま話』（近代消防社）など。

木造の長屋がひしめく江戸の町は、火事がよく起こりました。なかでも「江戸の三大大火」といわれるほど甚大な被害があったのは、明暦《めいれき》の大火（一六五七年）、目黒行人坂《ぎょうにんざか》の大火（一七七二年）、文化《ぶんか》丙寅《へいいん》の大火（一八〇六年）。そんな江戸の町を火災から護った「江戸火消し」の活躍ぶりをお聞きしました。

日本初の消防制度である武家火消し（大名火消し）が誕生したのは、寛永二〇年（一六四三）、三代将軍徳川家光の時代です。大名によって組織された「大名火消し」は、湯島聖堂、増上寺、材木蔵、米蔵など江戸幕府の枢要地の消防に従事しました。その後、明暦の大火でさらに強固な消火活動が必要だということになり、旗本による幕府直属の消防組織「定火消し」が生まれ、江戸城の防火に当たります。

享保三年（一七一八）には、大岡越前守によって「町火消し」が創設され、町人地に火災が発生したときに消火に当たりました。いろは四七組（のちに四八組）は、いろは四七文字のうち「へ」は屁、「ひ」は火に通じ、「ら」と「ん」は音が尾籠《びろう》ということから、この四文字を除き、「百・千・万・本」を加えて四八組となります。

その後、享保七年（一七二二）に、町火消しが武家地での消火活動を認められるようになり、江戸城内へも出動して定火消しをしのぐほどの活躍をしました。

「町火消しは、主に鳶人足《とびにんそく》がなりました。建物の知識がありますから、どこを壊せば延焼が防げるかがわかっていたからですね」

当時は破壊消防だったため、火事場にもっていくのは、鳶口、指し又、そして木製の手押しポンプ・竜吐水《りゅうどすい》。これは消火能力はありませんが、火に煽られている纏《まとい》持ちに水を掛けたり、延焼防止に屋根に水を掛けるために使われたといわれています。そして飛び火を防ぐための大団扇。同じ消火作業をするといっても、昔と今ではえらいちがいがあってびっくりです。

ちなみに、私ども駒形町会は、町火消し「いろは四七組」のうち「と組」の受けもち地域となっております。「駒形どぜう」の「ど」の字を、「と」の字が護るとは不思議なご縁かと思います。

江戸の町で店を構える商家では、いつ火事で店が焼けてもすぐに再建できるようにと、建築資材を別の場所に備蓄していたそうです。五代目の父も、太平洋戦争中はいずれ東京も空襲に遭うと予測していたようで、浦和の親戚のところに材木を備蓄していました。おかげで戦後の復興の際、木材が高騰したのをなんとか乗りきって店を再建することができました。店の主に代々伝えられてきた、江戸からの知恵というものでしょうか。

もうひとつ、火消しといえば「木遣《きやり》」です。いわば新興地であった江戸の町は、建築ラッシュであり、力仕事にあたって気持ちをひとつに合わせるために木遣が歌われました。江戸城の修築のときには祝儀の意味を込めた木遣が歌われ、それが町内の頭《かしら》が率いる鳶職の人たちに受け継がれ、火事場へ行くときにうちそろって唄ったといいます。その伝統はいまも江戸消防記念会によって守られていて、新年の出初め式や、結婚式や襲名披露など下町の慶事の際に聴くことができます。もちろん、私や息子の結婚式でもご登場いただきました。

江戸の『講』

林えり子
作家

はやし・えりこ
［一九四〇―］
作家／東京生まれ。戸板康二氏に師事し、編集者を経た後に作家活動に入る。根生いの江戸っ子（一四代目）で、東京（江戸）の古きよき時代をモチーフとした作品が多い。主な著書に『福沢諭吉を描いた絵師』（慶応義塾大学出版）、『江戸方の女』（講談社）など多数。

落語に「大山詣り」という噺があります。講を組んで大山詣りをすませた後、喧嘩で坊主頭にされた熊公がひとあし先に江戸へ帰り「船が沈んでみんな死んだ。仲間の菩提《ぼだい》を弔おうと坊主になってきた」

それじゃってんで、カミさん連中も頭を剃り、念仏を唱えているところへ一行が帰ってくる。さっきの話はどうなってるんだと、みんなが怒ると、

「いや、こんなめでたいことはない」

「カカアを坊主にされて、何がめでてえんだ」

「お山から無事に帰って、お毛が（お怪我）なくってめでたい」

講とは、社寺に物を寄付する目的で金銭を積みたてる組合をいい、「富士講」や「伊勢講」があります。

江戸時代の人びとは、講を大切なコミュニケーションの場としていたので、社寺参拝の講のほかにも、「人形講」やいまでいうところの地震後のボランティア「なまず講」、江戸時代の蘭学者・高野長英《たかのちょうえい》がつくり、言葉は全部オランダ語、日本語は横書き、チーズを食べるなどしたハイカラな「オランダ講」などがありました。

このように江戸の町には、およそ五〇〇〇もの講があって、男女関係なく誰でも入ることができたそうです。金持ちや貧乏人の関係なく、全員が平等に車座に座っておこなわれ、夜は行灯《あんどん》の油代がかかるので、昼間にやったとのこと。なるほど。

最後に、「江戸のあれこれ三択問答」と称して、何気なく使っている江戸からの言葉の意味を問う出題がされました。

正解者には景品が出ると聞いて、みなさん大まじめに考えてくださいました。

では「ぞろっぺ」とは、次のうちどれが正解でしょうか？

一　お供をぞろぞろつけて練り歩くさまをいう。「ぞろっぺの見栄っ張り」といい、外見ばかりを飾る人間のこと。

二　着物をぞろっと着流して気どっているひとのこと。てきぱきと動けないだらしのない人間のこと。

三　着物の裾を引きずっていること。万事に締まりのない、物事のけりをつけられずに後まで引きずってしまう人間のこと。

おわかりになりますでしょうか？

さすが林先生、どれも正しいように思える出題なので、いやはや難しい。

でも、難解だったので知識として身についたとお客さま大満足の江戸文化道場でした。

正解は三です。

一　江戸の町と人情

江戸の不思議な化け物たち

アダム・カバット　武蔵大学教授

アダム・カバット（Adam Kabat）
［一九五四―］
日本文学研究者・武蔵大学教授／アメリカ・ニューヨーク市生まれ。専攻は近世・近代日本文学（幻想文学）、日本の妖怪を研究。主な著書に『大江戸化物図譜』（小学館）、『ももんがあ対見越入道―江戸の化物たち』（講談社）、など。

アメリカはニューヨーク市ご出身のカバット先生が、なぜ江戸の化け物を研究されるようになったのでしょうか？

「一五歳のときに、『源氏物語』の英訳を読んだのがきっかけで、一気に日本文学の虜となり、日本に留学生としてやってきました。たまたま下宿の隣が鮨屋さんで、カッパ巻きってなんだろうと思って注文したんですね。そしたら出てきたものを見てびっくり。キュウリの海苔巻きが、なぜカッパ巻きというのかと、不思議に思ったんです。聞いてみると、カッパはキュウリが好きで……。そこから、日本には不思議なものがいるんだなと、カッパの原点を調べているうちに江戸文化にたどりついたのです」

カバットさんは、江戸時代の草双紙に出てくる化け物たちに興味をもって研究されてきました。草双紙とは、江戸で刊行された挿絵が入った大衆文学で、軽い読み物をさして「草」というそうですが、再生紙を使った草双紙がとても「くさい本」だったので、「臭《くさ》双紙」と呼ばれたという説もあるそうです。

そんな草双紙に登場する化け物たちは、みんな愛嬌があり、失敗もするけれどさほど気にしない能天気であり、都会的な笑いのセンスもある愉快なやつらばかり。つまり、想像の産物である化け物たちには、江戸時代当時の日常生活、娯楽、風俗、流行などが反映されていて、そこから見えてくる江戸文化の面白さがあるというのです。

そんな江戸の不思議な化け物たちを、次々に紹介していただきました。まずは「豆腐小僧」。竹の笠を被って、トレードマークである紅葉の印がついた豆腐をのせた盆を持ち、豆腐を届ける小間使いの役目をする化け物です。悪さはしない気の弱い甘えん坊で、お人好しだそうですが、私はこの存在をはじめて知りました。

次に、西洋にはいない日本独自の「ろくろ首」。姿は人間なのですが、首だけがやたらと長い化け物。あまり怖くなくて、なぜか人気があります。

そして、江戸で人気ナンバーワンの「鬼娘」。安永七年（一七七八）、両国広小路の見世物小屋で、なんの芸もせずにただ自分の恐ろしい顔をお客さんに見せていただけなのですが、爆発的な人気を得て、黄表紙などの本にさまざまな「鬼娘」が登場するそうです。

「化け物は、まずなによりも人を楽しませてくれるものなのですね。だから、自惚れたり、自信満々の化け物、愛敬いっぱいの化け物を、私たちは思いきり笑い飛ばして、化け物たちの多彩な世界をたっぷり味わえばよいのです」

はじめて知る化け物も多かったのですが、そんな化け物たちを愛した江戸の人たちの思いが少しわかった江戸文化道場でした。

江戸の人気ナンバーワン「鬼娘」。『古々路の鬼』蓬莱山人亀遊作（安永7年刊）より

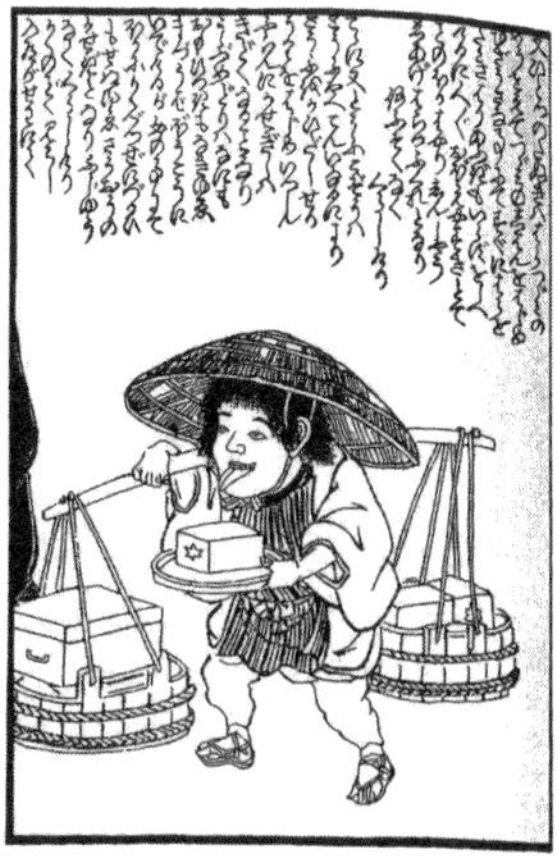

真面目に商売に励む豆腐小僧。実は精進料理が大好き。『化物世帯気質』晋米斎玉粒作・歌川美丸画（文政3年刊）より

「火事と喧嘩は江戸の華」

平野英夫　基角堂コレクション主事

ひらの・ひでお
［一九四七―］
基角堂コレクション主事／東京・日本橋生まれ。都立工芸高等学校金属工芸科を卒業後、ジュエリーデザイン・クラフトマンとして独立。本業のかたわら、日本橋にまつわる浮世絵をはじめ袋物や火事装束のコレクターとしても有名。

講釈師・宝井琴梅師匠お得意の講談に「は組小町」があります。「いろは四七組」の町火消し「は組」の頭《かしら》、権右衛門のひとり娘、おはつ。夫の源次が三五郎という火消しに煽られて焼死。その仇を討とうと、火事装束で屋根に上ったおはつ、纏《まとい》を毘沙門突きにして足を阿吽《あうん》に踏んばると、ゴォーと足元から全身を炎がつつむ。その姿は、さながら不動のごとく……。

壮絶な火事場の光景がみごとな語りで蘇ってくるような講談です。さて、この町火消し、江戸全体で一万人近い火消し人足がいたと伝えられています。各組は独自の纏をもったり半纏を着て、ひとめでどの組かがわかるようになっていました。

火事場に急ぐときの纏持ちの衣装は、刺し子の火事半纏。厚手の木綿の布を重ね合わせて、細かく刺し縫いにした半纏です。頭から水を被れば、半纏が水を吸収して火から身を守ることができました。

当時は家を倒して延焼を防ぐ破壊消防でした。その消火活動のなかには、類焼しないように屋根に上って赤い腰巻を振るなんてこともあったとか。火は不浄を嫌うので腰巻で風向きが変わる。それも若い娘さんのではなくて、お歳を召された女性のもののほうがいいそうです。江戸時代庶民のあいだでおこなわれていたおまじないでしょうか、大火の際には屋根や物干し台に、赤い女性の腰巻が立てられていたようです。

火消し装束のコレクターとしても有名な平野さんは、本物をご持参してくださいました。鳶口は、大名火消しの組頭がもつものは朱塗りで先が螺鈿《らでん》のみごとなもの。いっぽう、町火消しの鳶口は喧嘩のときにも使えるよう重くて頑丈なつくり。

装束は煽られて焼死したときに身元が判るようにと派手なものが工夫されていたそうで、図柄はもちろん火を消す水流。鹿革でできた火事羽織はしっかりしたつくりで、当時は、これくらいのものを着ないと危ない火事場であったことがよくわかりました。

纏は金箔で赤熊の毛。これはヤクの毛で、江戸城が開城されたときに城内にはたくさんのヤクの毛が残されていたので、官軍が接収してかぶり物に付けたそうです。

「火事と喧嘩は江戸の華」といわれますが、当時の華々しさをお話とコレクションで楽しませていただきました。

ところで、江戸っ子の私の父は火事が好きで、母が困っていたほどでした。自前の刺し子半纏をもっていまして、夜中だろうと消防車のサイレンの音が聞こえるとぱっと起きます。そしてお札が縫い込んである刺し子に着替えると、タクシーに飛び乗って消防車の後を追いかけるんですね。

江戸っ子の血が騒いだのかもしれませんが、関東大震災、東京大空襲を経験している父は、とにかく人助けに行かなくてはならないという気持ちがあったようです。

艶やかな男気

坂本五郎

「彫甚」刺青師

さかもと・ごろう
「彫甚」刺青師／日本の刺青界の第一人者。伝統的な技術を継承する和彫りの達人として名を馳せる。

肌に絵や文字を彫りつける入墨《いれずみ》は、「刺青」「文身」と表記されることもあり、「彫り物」とも呼ばれています。

刺青は古代からおこなわれていて、記号や権威づけ、そして刑罰としても用いられていたそうです。三世紀に編纂された中国の歴史書『三国志』の一部である「魏志倭人伝」のなかにも、弥生時代の日本人の生活習慣として出てくるとか。それが、身を飾るための衣服や装飾品などが豊かになってくると、刺青の必要性が次第に薄れてきて、衰退してしまいました。

ところが江戸時代になると、浮世絵などの影響で町衆、ことに火消しや駕籠《かご》かき、鳶などの職人のあいだに広がるようになります。背中を中心に二の腕や太股までの範囲に、精緻で勇壮な絵柄を彫ることが人気となっていきます。

刺青は江戸文化として花開き、幕府から禁令が出されてもその人気は高く、明治になるとその技術をもとめて外国の貴人もやってくるほどだったそうです。

この日は、木版画摺師・関岡扇令氏の解説で、刺青ブームに火をつけたといわれている浮世絵、歌川国芳の『水滸伝《すいこでん》』（平野コレクションのなかから初版摺り）を見せていただきました。『水滸伝』に登場する英雄や豪傑の錦絵がおおいに流行って、それを任侠者が競って己の肉体に彫ったとのことです。

さて、今回の圧巻はなんといって、褌一本でズラリと並んだ彫り物の男性たち。普段は背広にネクタイでお出かけで、まさか背中に刺青を背負っているとは思えない極めて真面目な堅気のかたばかりです。

おひとりおひとりの彫り物について解説していただきながら、そのみごとな美しさに息をのむほどでした。

「触ってもいいですよ」ということで、遠慮をしながら手をのばして触ってみました。

「痛かったでしょう？」

「そりゃもう、いまじゃ注射するのも嫌ですよ」

気軽に入れることができるタトゥーとはちがって、すべて手彫り。丹念に肌に刺青を入れていくと熱をもった痛みに襲われるそうです。それを冷まして再度、彫り進める。彫り物を入れる覚悟をしたからこそ、時間をかけて痛みと闘い、芸術性の高い日本の文化を我が身に背負う心意気がもてたのでしょう。

本物の肌で江戸文化に触れることができた、貴重な体験でした。

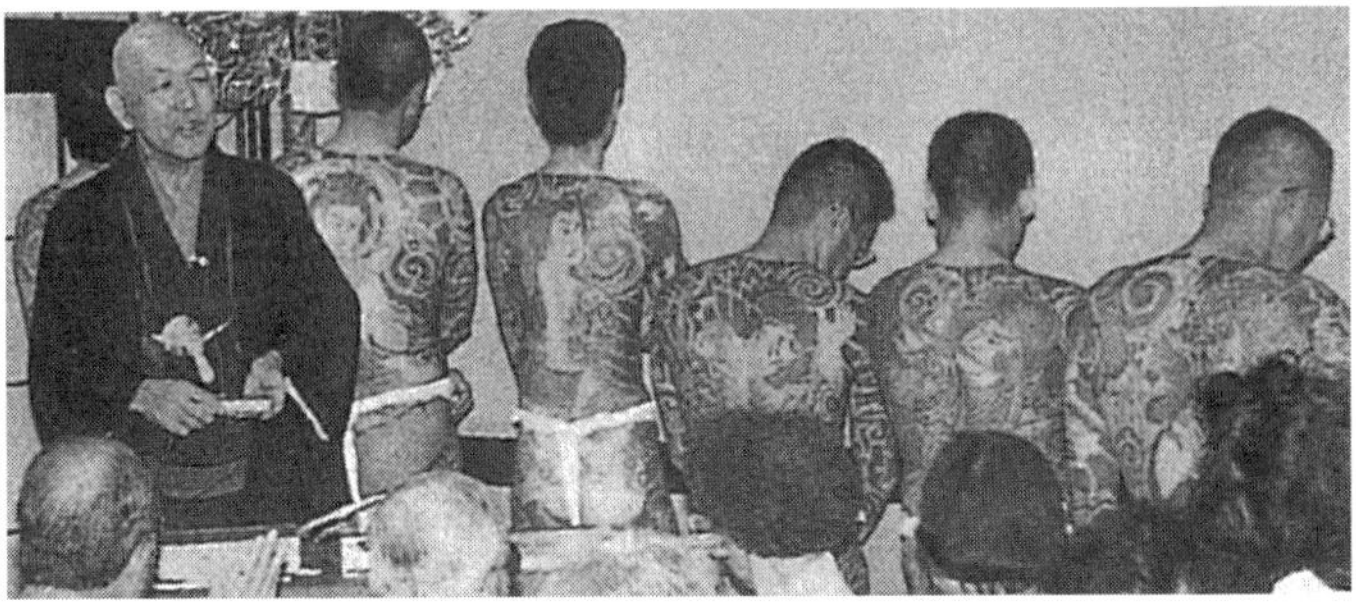

江戸末期の番付表

吉村武夫

作家

よしむら・たけお
作家、花嫁わた社長／静岡県富士市生まれ。家業の布団屋の経営者として活躍するいっぽう、江戸文化研究の本を多数執筆。主な著書に『大江戸趣味風流名物くらべ』（西田書店）、『今ものこる江戸の老舗』（河出文庫）、『綿づくり民俗史』（青蛙房）など。

墨堤の桜も満開の夜、作家・吉村昭先生の令兄、吉村武夫さんをお招きしての江戸文化道場は、いつもながらの超満員でした。

昭和二七年（一九五二）頃、私の父、五代目越後屋助七が、とある古本屋で一枚の摺り物に目を留めました。それは「大江戸趣味風流名物くらべ」。明治初期のものらしく、傷みもひどくて判別できない箇所もありましたが、一二〇の枠のなかにふたつずつ、当時の粋人ですとか、祭り、名物、庭園などがズラリと並んでいます。江戸から明治にかけての人びとの暮らしや町の様子がくっきりと浮き彫りになっているのがわかります。そしてよくよく見ていると、ひとつの枠に

大江戸趣味風流名物くらべ

「室町けんちん汁」と「駒形どぜう」と明記されているのを発見（前頁掲載図参照。上から二段目、左から二列目）。父は、これをなんとか残したいと、江戸から明治初年にかけて創業した百年以上の老舗が集まる「東都のれん会」に持ちこみました。

調べてみると、明治維新の頃に松本愚想というひとがまとめた瓦版とのこと。木版画摺師・関岡扇令氏や大勢の方がたのご協力を得て、一枚のビラが復刻完成しました。

それから数年後、この摺り物と出会った吉村さんは、一二〇の組み合わせの素晴らしさに感動されて、掲載されている二四〇軒の追跡調査に乗り出され、一冊の本にまとめられました。

登場するのは「駒形どぜう」のほかに、「芋坂　羽二重だんご」や「亀戸くず餅　船橋屋」、そして「日本橋　さるや」に「池の端　連玉庵」など、いまも営業しているお店もあります。吉村さんは、コツコツと丹念に調査されたものの、まだ判明していないお店も三〇ほどあるそうです。

こうして江戸から現在までつづくお店のことを研究し、資料として残してくださることに脱帽いたします。

一　江戸の町と人情

日本の美しい姿・江戸しぐさ

越川禮子　作家

こしかわ・れいこ
［一九二六―］
NPO法人江戸しぐさ理事長／東京生まれ。市場調査会社インテリジェンス・サービス代表取締役社長。一九九一年、芝三光（しばみつあきら）を知って弟子入りし、芝が江戸時代のマナーとして創作した「江戸しぐさ」を普及するための運動に従事。

道を歩いていて、突然うしろからチリチリンと自転車に追い立てられたことはありませんか。「生き馬の目を抜く」といわれた江戸で、毎日を明るく暮らしていた人たちは、けっしてそのような相手に不快な思いをさせる振る舞いはしなかったのです。

江戸の人びとが生活のなかから編み出した、ひととひととが穏やかに仲よく暮らしていくための知恵、それが「江戸しぐさ」です。

商人の子どもたちには、三つ四つの頃から、必ず身につけなければならないしぐさがあったこと。湯屋では女房自慢があり、その優劣で自然と洗い場の順番が定まったなどなど、はじめて聞く話はどれも面白く、あっという間に時間が過ぎてしまいました。

とくに実演していただいた「傘かしげ」、雨や雪の日に、相手も自分も傘を外側に傾けてすっとすれちがう。「肩引き」、傘かしげと同様に、狭い裏通りや路地を歩いていて、向こうから人が来た場合、お互いに右肩を少し後ろにひいて体全体を少し斜めにし、胸と胸を合わせる格好ですれちがうと、自然と肩を引くようになるなどは、年輩の方が自然と身につけておられ、私たちより若い世代が、すっかりできなくなっていることでした。

なぜ、私たちはこんな素晴らしい「江戸しぐさ」を次の世代へ伝えていくことをやめてしまったのでしょうか。奥ゆかしく、思いやりのある、日本人の美しい姿がそこにあったというのに。

私どもの店「駒形どぜう」でも、江戸しぐさは自然と守られています。葱の入った薬味箱は、お客さま同士がみなさまで使うようにお出ししています。江戸の昔、どぜう屋は武士も町人も一緒の席で食べており、そもそも個室などありませんでした。相席の楽しさで薬味箱をまわすことで、知らぬ同士でも会話もはずむというものです。

また、客席であとひとりくらい入れていただきたいときに「膝おくりお願いします」といいますが、これは「あいすみません、みなさん、ちょいとおつめください」とお願いするときに使います。

そうそう、店で使う一番の隠語は「おつけ」ですね。「おつけ」とは、お味噌汁のこと。うちのどぜう汁は熱々ですから、万一こぼして、お客さまに掛かってしまったら大変です。そこで、どぜう汁やどぜう鍋の火鉢など熱いものを運ぶ従業員は「おつけ」とひとこといいます。そして、その言葉を聞いた者は黙って立ち止まらなければいけないんですね。お互いにぶつからないように注意するためでもあるのですが、気持ちよくお食事をされているお客さまに「あぶない！」なんて聞こえたら、いい気持ちはしませんから。

店の前を掃除したり、水を撒くときも、両隣の玄関前の半分くらいまでは一緒にします。全部やると、おせっかいが過ぎますから。浅草のような下町では、いまも気持ちよく暮らしていくような「江戸しぐさ」が生きているのです。

屁の突っ張りにもならない話

大沢悠里　ラジオパーソナリティ

おおさわ・ゆうり
［一九四一―］
アナウンサー／東京浅草生まれ。早稲田大学卒業。ＴＢＳにアナウンサーとして入社後、フリーとなる。主にラジオで活動。二〇一六年四月『ゆうゆうワイド』終了後は、『大沢悠里のゆうゆうワイド土曜日版』に出演中。

「病気の方もお元気ですか？」というお馴染みの挨拶ではじまるＴＢＳラジオ『大沢悠里のゆうゆうワイド』。番組のコンセプトは「人情・愛情・みな情報」。なんと三〇年も続いたラジオの生バラエティ番組は、歴史に残るような長寿番組であると同時に、ラジオ全局全番組中聴取率ナンバーワンという大変な人気番組でした。

町工場が並ぶ下町の裏通りを歩いていると、家のなかから大沢さんの声が聞こえてきて、「ああ、ご夫婦で仕事をしながら『ゆうゆうワイド』を聴いているんだな」と頬笑ましく思うことが何度もありました。

じつは大沢悠里さんは、生まれたのが同じ駒形のふたつ先の通り、一丁目六番地ということもあって、勝手ながら親戚みたいな気がしています。

昭和二〇年（一九四五）三月一〇日の東京大空襲のとき、大沢さんは四歳。ご兄姉たちは疎開していたのですが、お母さまが小さな大沢さんを負ぶって市川まで逃げたそうです。地獄のような猛火のなかを、よくぞ逃げられたことと感服いたします。このお母さま、うちの店をご贔屓にしてくださり、九五歳でお亡くなりになる直前まで、観音さまをお参りしたあとはどぜう鍋で一杯飲むのを楽しみにされていました。

ラジオでお声を聴くばかりなので、パーソナリティの大沢悠里さんとはどんな方なのだろうと、直接お顔を拝見しながらお話を伺う機会をつくった次第です。

「ゆうゆうワイド、聴いたことがある人は？」

「はあーい」（会場のお客さまがみな手を挙げます）

「聴取率ナンバーワンで有名人になっても、ラジオは声だけで顔が見えないから、今日も地下鉄で来たんだけど、誰も振り向いてくれないんです」

子どもの頃からラジオが好きで、独特のサビ声と軽快な口調で人気を集めたアナウンサー、竹《たけ》脇昌作《わきしょうさく》のニュースを読む声を真似たり（かなりおませな子どもだったのですね）、ヘルシンキオリンピックの中継をやったりしていたそうです。

そのうちに「アナウンサーって面白いな、それになにも元手がいらない楽な仕事だ」と思い、昭和三九年（一九六四）、TBSアナウンサー第九期生として入社。二五〇〇人の応募のなかで受かったのは五人というのですから、大沢さんはすごい才能がおありだったのです。五〇歳でフリーのアナウンサーになり、毎日、長時間の生放送をやってこられました。

「みなさん、笑顔にまさる化粧なし。笑って美しく元気になりましょう」

最後は、五本の指を使って芽出度話を三本締めで納めてくださいました。

雑談の妙技といいましょうか、こうして江戸っ子は他愛もない話をしては「ワハワハ」笑っていたのかなと、江戸のにおいを感じる大沢悠里さんのお話でした。

二　江戸の味

江戸と上方の食文化

平野雅章

食物史家

ひらの・まさあき
［一九三二―二〇〇八］
食物史家／千葉県富津市生まれ。早稲田大学在学中より北大路魯山人に師事。魯山人の遺した美術・料理等の著作を編纂。日本食物文化史の研究者として活動。主な著書に『日本の食文化』（中公文庫）、『江戸美味い物帖』『魯山人雅美礼讃』（ともに広済堂出版）など多数。

お正月のあそびのひとつ「いろはカルタ」の「い」の文字札でも、江戸と上方ではちがいがあります。「犬も歩けば棒に当たる」（江戸）、「一寸先は闇」（京都）、「一を聞いて十を知る」（大阪）という具合に気風のちがいが歴然で、それは食べ物についてもいえることです。そのあたりの事情は、どうも江戸時代がはじまった頃にあるようです。

天正一八年（一五九〇）八月、徳川家康が江戸城に入ったとき、江戸の町はまだ品川に港があり、古くからの寺である浅草寺などの門前に人家が集まっている程度。江戸城の前には日比谷入江が広がり、湿地帯ばかりであったといいます。

そんな江戸を政治経済の中心とするべく、本格的な城づくり町づくりがはじまりました。ところが日本全国から江戸に集まってきた労働者たちは、おさんどん、つまり食事の用意ができないので、辻々に立つ屋台の天麩羅、寿司、蕎麦など、手軽で、安くて旨い、おまけにスタミナがつくものを食べておりました。いまは天麩羅やお寿司も高級な店ができてオツにすましていますが、江戸時代はごくごく庶民的な食べ物だったのです。

そして肉体労働のあとは、えてして味が濃いものが食べたくなります。江戸では、鰹の出汁《だし》に味醂や砂糖を加えた甘い味つけが好まれるようになっていき、いっぽう京都など上方では昆布出汁が好まれました。

江戸と上方の味と調理法のちがいがよくわかるのは、鰻の蒲焼きです。蒲焼きは、もとはといえば元禄頃の京都で、鰻を開いてタレをつけて焼くという調理法が考え出され、それが江戸に伝わったそうです。上方では、鰻の腹を裂いて串に刺し、焼いてタレをつけていましたが、江戸では　鰻を背から裂いて焼き、蒸してタレをつけてさらに焼くという方法を完成させました。これによって、鰻の余分な脂をとり、上方より泥臭さのある鰻から臭みをとることができました。また、タレにも江戸で好まれていた味醂を加えることにより、照りのみならず味や香りもよくなりました。ちなみに、武士の町・江戸では腹から裂くのは「切腹」に通じるため嫌ったということです。

さらに江戸と上方のちがいがよくわかるのが、お寿司です。江戸の初め頃のお寿司は、箱型に酢飯を入れて、その上に魚介類のネタをのせ、圧板《おしいた》で押す「押し寿司」が一般的でした。いまでも関西のお寿司といえば、バッテラなど押し寿司が思い浮かびます。いっぽう、「江戸前寿司」ともいわれる握り寿司は、文政年間（一八一八〜三〇）からはじまったといわれています。江戸前（江戸湾）で獲れた新鮮な魚を使った握り寿司は、屋台で売られる安価な食べもので、江戸中に広まっていったそうです。

その頃の寿司ネタは、刺身、白魚、玉子、穴子、コハダなどで、ネタと酢飯のあいだには山葵《わさび》を入れたといいます。江戸時代後期には海苔巻きも登場し、いま私たちが馴染んでいるお寿司とほとんど変わりません。まさに「食の原点」は江戸にあったのですね。

二　江戸の味

江戸っ子流「不老長寿」

永山久夫
食文化史研究家

ながやま・ひさお
［一九三四―］
食文化史研究家／古代から明治時代までの食事復元研究の第一人者。長寿食や健脳食の研究者としても活躍。『頭イキイキ血液サラサラの食事術』（講談社＋α新書）、『健康食みそ』（農山漁村文化協会）、『100歳食入門』（家の光協会）など。

「家康はですね、人生に三つの大きな望みをもったんです。一、長生きをすること。二、天下を取ること。三、子どもをたくさんつくること。この目標を達成させるには、人より頭がよくて、かつ元気で健康でなければいけないわけです。そこで家康は食べ方を研究したのですね」

どぜう鍋をご贔屓にしてくださり、日本の食文化に造詣の深い永山久夫先生のお話は、こんな軽妙な語りからはじまりました。

さて、家康の考え出した食べ方とは「好色長寿法」といって、好色＝色の濃いものを好んで食べること。米だったらあまり精白しないもので、むしろ麦がよい。そして、野菜だったら白いものより緑黄色のもの。たとえばニンジンです。ニンジンに含まれるカロチンやビタミンAは視力の回復や老化防止によく、ガンを防ぐのにも効果があります。

そして味噌汁に入れる味噌の原料である大豆にはレシチンが含まれていて、これはボケを予防し記憶力維持によい。さらに、なんと好色=吻合《ふんごう》・キスがよいそうです。唾液のなかには「パロチン」という老化防止ホルモンが含まれているので、相方が若ければ若いほど若返られる。いやあ、驚きですね。

平均寿命の短かった江戸時代に、七五歳まで長生きし、正室や側室とのあいだに一一男五女という子宝に恵まれた徳川家康公が「めし食い」の名人（麦飯、味噌=大豆、魚、野菜）であったように、食べ方のうまい人でないと長寿は楽しめないというお話です。

家康の側近であり、上野の寛永寺を開山した天海《てんかい》僧正は、茶寿《ちゃじゅ》の長生きをしたそうです。「茶」という漢字を分解しますと、十十（20）、八（8）、十（10）、八（8）、つまり20に八十八をプラスすると一〇八になりますから、一〇八歳を「茶寿の祝い」といいます。

では、天海さん、なにを食べて元気に長生きができたのでしょうか。

「江戸の人たちは、よくお茶を飲みました。ごはんの前にお茶を飲み、ごはんがすむとお茶を飲み、『ちょっと出かけてくるよ』とその前にお茶を飲み、さらに『帰ってきたよ』とお茶を飲みという具合でした。緑茶には、熱に強いビタミンCがたっぷり含まれていますから、風邪の予防や発ガン物質をおさえる効用があります。

カフェインは疲れをとり、利尿効果がある。渋味苦味の成分であるタンニンは、脳卒中や動脈硬化を引きおこす脂質の過酸化反応を抑制する効果もあるんですね。お茶は養生の仙薬で、人の寿命を延ばす妙薬でもあるわけです。ですから皆さん、お茶をたくさん飲んで、天海さんのように茶寿の長生きをしてください」

江戸っ子の不老長寿食は「胡豆魚大参茶《ごまさかだいじんちゃ》」だそうです。胡（若返り）、豆（記憶力）、魚（頭能力）、大根（消化）、人参（体の酸化予防）、茶（長寿）。

これで皆さま、茶寿までお元気で過ごせますね。

二　江戸の味

やっちゃ場から見た江戸の野菜と果物

小峯定雄
江戸青果物研究連合会会長

こみね・さだお
江戸青果物研究連合会会長／東京・駒込生まれ。一九四九年、神田市場、東京丸一青果で競り人となり活躍。神田川菜翁の筆名で書いた『やっちゃ場伝競り人伊勢長日誌』（小江戸青物研究連）は、一五代続く競り人伊勢長が元禄から現代まで、代々の商売日誌で青物市場の裏表を語っている。

慶長一九年（一六一四）が大坂冬の陣。そして翌年が大坂夏の陣。その慶長年間頃に、神田青物市場ができたといわれています。日本橋川や神田川から船で運ばれてきた荷物が届く水上交通、いっぽうで陸上交通の要衝でもあった筋違橋《すじかいばし》に隣接するという好立地に恵まれていたため、野菜の集散地に適した場所として発展していきます。

現在の神田須田町一丁目には神田青物市場跡の記念碑が建っていますが、江戸時代には、あの界隈を「八辻ヶ原」といって市が立ち、茶店もできてえらい賑わい。八辻の茶店で「やっちゃ」、そこで青物を商う市場を「やっちゃ場」と呼ぶようになったそうです。

江戸時代、上方で活躍した戯作者・井原西鶴は『世間胸算用』のなかで、そんな神田の青物市の賑わいを、「毎日、馬がたくさんの大根を運んでくるのが、まるで大根畑が歩いているように見える」と記しているそうです。

ちなみに野菜や果物を運ぶ大八車の語源はふたつあり、ひとつは大工の八左衞門が作った車という説と、もうひとつは車の長さが八尺で大八車。

さて、その大八車に野菜を積み、「御用」の高張提灯や高札を立てて江戸城に上納をするときは、百万石の大名の行列を横切っても「お構いなし」というほどの権威があったそうです。

江戸の町が発展するとともに、本所や千住にも青物市が設けられます。そして、江戸時代の後期には、小松菜や練馬大根、谷中の生姜や目黒の筍をはじめとする名産が、江戸の近郊農村にも生まれるようになります。

いまも私たちの舌を楽しませてくれる「江戸野菜」には、次のようなものがあります。

小松菜

江戸時代初期に現在の江戸川区小松川付近で栽培され、ここに八代将軍徳川吉宗が鷹狩りに来た際に献上されたことから、小松菜の名がつけられたといわれています。

練馬大根

練馬地域の土壌は関東ローム層で、大根の栽培に適していたことから、特産品となっていきました。ずっしりと太くて立派な白首大根系の品種で、漬け物のたくあん用として重宝されています。辛味が強いので大根おろしにも最適です。

滝野川人参

現在の北区滝野川付近で栽培されていた、根が長さ一メートルにもなる品種。淡い紅色で香りが強く、肉質がしまっています。

このほかにも、江東区の砂村茄子や亀戸大根、台東区の谷中生姜、足立区の千住葱、多摩地区のウドなどが有名です。

私の祖父である四代目越後屋助七は、安政三年（一八五六）生まれの人でした。祖父が店を切り盛りしていた当時は馬込に自家農園をもっていて、そこで小作人たちが店で使う葱や牛蒡、お漬け物にする大根や白菜を作っていたそうです。もちろん無農薬の有機栽培。どぜう鍋を食べたせいか「駒形どぜう」の肥は土壌によくて、みごとな野菜が育っていたという話です。

江戸の酒のミステリー

小泉武夫
東京農業大学教授

こいずみ・たけお
［一九四三―］
東京農業大学教授／福島県生まれ。実家は酒造業。専攻は醸造学、発酵化学。「クジラ食文化を守る会」の会長でもある。主な著書に『くさい食べもの大全』（東京堂出版）、『醤油・味噌・酢はすごい　三大発酵調味料と日本人』（中公新書）など、その数一〇〇冊以上。

福島県の造り酒屋に生まれた小泉先生は、子どもの頃から食べ物にひと一倍関心がおありで、小学校五年生くらいのときには専用の台所をもち、近所の子どもたちに料理を振る舞っていたそうです。なかでも、一番の人気メニューがドジョウの柳川鍋とお聞きして、なんと通なお子さんたちかと嬉しいかぎりです。

さて、人口一〇〇万を超える江戸の町では、どのようなお酒が飲まれていたのでしょうか。主に灘などの上方から「下り酒」の酒が供給されていたそうです。秋になると、問屋が集まっていた新川には、新酒を積んだ船が上方から到着します。

「千石船で江戸へ酒を送るのですが、ヨーイドンで競争させたのですね。レースに参加する船を『新酒番船』と呼び、それぞれ船の型や帆を変えてスピードを競いました。そのおかげで、なんと四日で江戸に着いたそうです。品川沖へ到着すると手取船に積み替えて、新川を渡ってゴール。一着の船乗りには、一年間、酒と女が無料《タダ》。そして一番酒は将軍へ献上され、そして大名家へ運ばれます」

そんなお祭り騒ぎで上方から運ばれてきた酒は、飲みかたも半端なかったとか。文化文政頃には、一年に一八〇万樽もの酒が消費されていて、江戸っ子一人あたりの消費量は毎日約二合。酒を飲まない人たちを差し引くと、一日三合を毎日一年間飲んだ勘定になるそうです。

当時は、「酒合戦」なる酒の飲みくらべ大会も盛んにおこなわれました。一番大酒を飲んだのは、芝口の鯉屋利兵衛。深川の料亭で、二時から七時まで飲みも飲んだり、一斗八升七合。換算すると、およそ一升瓶で一九本分ものお酒をひとりで飲んだことになります。よくもまぁ、急性アルコール中毒にならなかったもの。なぜ、そんなに飲めたのでしょうか?

「当時の酒は、酸味が強かったので水で薄めてもわからない。ここから水商売という言葉が生まれました」

江戸の頃には「むらさめ」という名の酒があって、名刀「村雨」のように切れ味のよい酒かと思えばそうではなく、たくさん飲んでも村へ帰り着くまでにはすっかり酔いが醒めてしまう酒のことだとか。また「金魚酒」といえば、金魚がスイスイと泳げるほどに水で薄めた安い酒のことだそうで、なあるほど。

現在、私どもの店でお出ししている「ふり袖」というお酒は、父が商売の合間をみては全国の酒蔵行脚の旅を何年も続けていたとき、「これだ！」という旨い酒に出合ったときからのお付き合いです。

父は滝野川の醸造試験場で日本酒の分析や利き酒をするほど、無類の酒好きにして目利きでした。その成果ともいえます。そんな父は、美味しい酒をつくる決め手は水だといっていました。昔から豊かな良質の水に恵まれた京都伏見の酒蔵でつくられている「ふり袖」は、ひとことでいえば「甘辛ピン」。口をつけたときにちょっと甘くて、飲むと辛い。飲み終わりにピーンとくる酒が、味が濃いめのどぜう鍋には最適なのです。

江戸囃子と「駒形繁盛太鼓」

丸　謙次郎　江戸里神楽、若山社中邦楽囃子笛方

まる・けんじろう
［一九四八―二〇〇五］
江戸里神楽・若山社中邦楽囃子笛方／江戸里神楽の第一人者。日本の伝統文化全般にも造詣が深く、多くの後身を育成した。

重要無形民俗文化財である江戸里神楽、若山社中邦楽囃子笛方の丸謙次郎先生とはじめてお会いしたのは、ハワイのホノルルでした。平成七年（一九九五）に、ハワイとアジア諸国が親睦を深めて文化交流をしようというイベント「ホノルル・フェスティバル」の第一回が開催され、浅草のみんなで三社祭の御神輿をもって参加したのです。そのとき、いつも三社祭でやっている江戸里神楽のお囃子《はやし》も出演されて、丸先生は笛方をされていました。最初からお互いにウマがあって、「じゃあ今度、三社祭のとき、ウチの店の前でやってくださいよ」とお願いしてからのご縁です。

丸先生のご実家は、新橋の烏森神社のすぐ裏にあったことから、年中「テン、テン、テンテケテン」というお囃子が聞こえてきて、ご自分でも「やりたい」と思って習いはじめたのが小学生の頃だったそうです。

江戸囃子の起源は、享保初年（一七一六）、葛西神社の神官が今日の山車《だし》囃子を近所に住む若い人たちに伝え「和歌ばやし」と名付けたのがはじまりだそうです。音が騒々しく、入り乱れているところから「ばか囃子」とも「祭り囃子」ともいわれていますが、一人前に音が出せるようになるには五年はかかります。そこで、時の代官、伊奈半左衛門は、これを修得することで「一家和合」「青少年不良化防止策」になると考えて、大いに奨励しました。

江戸囃子の構成は、笛一、締太鼓二、大太鼓一、鉦《かね》一の「五人囃子」です。「鉦のことを俗にヨスケといいます。鉦で全体の音が締まり、四人の演奏を助けるので『ヨスケ』。こうゆう話はもうヨスケ」と、祭り囃子の演奏を実演。夏恒例の「アサヒスーパードライホール」に会場を替えての文化道場は一気に三社祭の雰囲気に包まれました。

三社祭で、御神輿が浅草の各町内を渡御するときには、「駒形どぜう」の店の前に赤い毛氈《もうせん》を敷いた縁台を作りまして、そこで賑やかにお囃子を奏でてもらいます。店の入口には三社祭の提灯を下げて揃いの浴衣、江戸前の祭りの風情を盛り上げるには、江戸囃子は欠かせません。

平成一三年（二〇〇一）に、おかげさまで「駒形どぜう」が創業二〇〇年を迎えたとき、記念に何かできないかといろいろ考えたところ、店の従業員と和太鼓チームを作りました。そして作曲家の三和完児先生にお願いして「駒形繁盛太鼓」というオリジナル曲を作っていただき、みんなで演奏することにしたのです。

私も含めて、もちろん全員和太鼓ははじめてで打ち方もわかりません。そこで、太鼓屋の宮本卯之助さんに相談したところ「厳しいけれど、丸先生に習うのがいい」と紹介していただきました。店を閉めたあと、夜の九時過ぎに先生に出稽古に来ていただき、みんなで一所懸命練習をしました。

なんとか形になって賑やかに創業二〇〇年をお祝いできましたのも、丸謙次郎先生のおかげです。

浮世絵に見る浅草

河井正朝
慶應義塾大学名誉教授

かわい・まさとも
［一九四二―］
慶應大学名誉教授／東京・浅草生まれ。日本美術史の研究と教育にあたる。定年退職後は、出光美術館理事、台東区文化財保護審議委員などを務める。主な著書に『日本美術絵画全集　友松・等顔』（集英社）、『日本水墨名品図譜　雪舟―友松』（毎日新聞社）など多数。

「浅草は、浅草寺の門前に広がる信仰の町であると同時に、そこに集まる人たちの憩いの場であり、遊びの場所といえるでしょう。信仰と遊楽の町・浅草を、江戸時代の町人、庶民たちの芸術として知られる浮世絵版画に描かれたところを通して見てみましょう」

浮世絵をスライドで映し、客席に座って解説される先生。なにやら長屋の井戸端会議のようでもあり、楽しい雰囲気です。

「永谷園のお茶漬け海苔に入っていた東海道五三次のカードが浮世絵との出合いです。浮世絵は、その時代のニュースや評判などを描いております」

葛飾北斎 富嶽三十六景「東都浅草本願寺」より

歌川広重 名所江戸百景
「浅草金竜山」より

歌川広重 名所江戸百景
「猿わか町夜の景」より

と、駒形堂、雷門、仲見世、浅草寺、芝居小屋、新吉原、隅田川……などなど、浅草が描かれた浮世絵を次々と見せてくださいます。

浅草本願寺の屋根を画面いっぱいに描いたところに、遠くに富士山を描き入れる遠近法、あるいは近くが浮き上がって見える透視画法など、浮世絵の表現方法を丁寧に語っていただきました。そして、歳の市で正月の飾り物や調度品、食料を売る絵からは暮れの賑わいが聞こえてくるようでしたし、猿若町の芝居小屋の絵では、趣向を凝らした絵看板や招き看板までが細かく描きこまれていて、木戸芸者の呼び声が聞こえるようです。

吉原仲之町夜桜の絵では、三月になると大門内の仲之町に桜が植えられ、ぼんぼりに灯がともされ、禿《かむろ》や新造を従えて道中する花魁《おいらん》、廓の華やかさが立ち上がってきます。

信仰という「聖」と、遊楽という「俗」とが、ひとつに交じり合い、浅草というエネルギーあふれる町ができたことを浮世絵から学んだ楽しい江戸文化道場でございました。

千社札と浮世絵版画

関岡扇令　木版画摺師

せきおか・せんれい
［一九二四―二〇一〇］
木版画摺師／東京生まれ。千社札の研究家で、現代の歌舞伎役者の錦絵制作も手掛けた。主な著書に『納札と千社札』（岩崎美術社）がある。

木版画の摺師・関岡扇令さんとは、版画が大好きだった父の代から、毎年、年賀状をお願いしているご縁があります。父は江戸の情緒や文化を大切にしていたので、毎年、九月の末か一〇月になると、来年の年賀状のアイデアをいろいろ出して、楽しそうに扇令さんと相談していました。

扇令さんのお仕事は伝統木版画といって、江戸の浮世絵版画の出版の仕組みのひとつを担っています。浮世絵版画は、版元が企画を立てて資金を出し、お抱えの絵師に「これこれの美人画を描け」だの「これこれの役者絵を描け」と注文を出します。喜多川歌麿なら美人画、東洲斎写楽なら役者絵、歌川広重や葛飾北斎なら風景画という具合です。

絵描きが描いた下絵は、彫師が彫ります。そして、こしらえた墨板を絵描きが色の分解をして色分けをします。それをまた彫師に渡して色板ができると、いよいよ扇令さんたち摺師の出番。何色も使って、ぼかしをつけたりして刷り上げていくわけですね。

江戸時代、たとえば歌麿が描いた「当時全盛美人揃」というのは、いまでいうブロマイドだったそうです。吉原の何々太夫という、遊女のブロマイドを男性たちが買って、自分の部屋に貼っておいた。芸術作品というより、むしろ写真のようなものだったとか。そう考えると、歌麿の浮世絵を見るときにぐっと身近に感じますね。

もうひとつ、木版で作るのが千社札です。千社札とは、たとえば秩父などの観音霊場に行ったときに、自分の名前と参詣した年月日を書くもので、もとは木の札だったそうです。その札を納める「納札」という信仰の形がだんだん取れていって、自分の名前だけが残るようになりました。「扇令」ですとか「駒形どぜう」ですとか、自分を表す題名をお詣りした神社仏閣に貼っておくと、貼ってあるあいだはそこにお籠もりしているという意味合いがあり、功徳がもらえると考えました。それが千社札の原点であるということで、私も扇令さんと一緒に秩父札所巡りをして、お詣りした寺に千社札を貼るやりかたを教えていただいたことがあります。

自分の貼った札の上に誰かが貼らないようにするには、高い場所に貼るのが肝心です。そのた

めに竹棹を何本も足して長くした特別の道具がありまして、「ここに貼ろう」と決めたら、まずは煤をはらって雑巾で水拭きしてという具合にお掃除をします。そして拭き清めたところに、千社札に糊をつけてぴっと貼る。そして丁寧にこすります。お詣りさせていただいたあとのこの一連の作業は、改めて自分の心を込めるという貴重な時間でした。

江戸時代になって、だんだんと宗教色より遊びの要素が強くなると、墨一色のところに色を入れた札を作ってお互いに交換するようになります。扇令さんの千社札には「当たり家」という文字が入っていて、とてもきれいな朱色が入っています。意味を聞いたところ、お商売は摺師ですが、「スル」というのは嫌だから、バレンで当たるということで「当たり家」としたそうです。江戸らしく、地口や洒落を利かせた千社札もよく見かけます。父が作った千社札の図柄には、駒形堂《こまんどう》の絵を入れて、その上に「どぜう」の三文字を入れるだけで、「駒形どぜう」を表現するというのもありました。

江戸では、そのものズバリを表現するのは粋ではなかった。見立てやひとひねりした洒落を愉しむのが、おとなの文化だったのですね。

俳句と落語

九代目入船亭扇橋　噺家

いりふねてい・せんきょう
［一九三一—二〇一五］
噺家・「東京やなぎ句会」宗匠／東京・青梅生まれ。三代目桂三木助に弟子入り。三木助没後、五代目柳家小さん門下へ。柳家さん八で二つ目。一九七〇年入船亭扇橋で真打ちとなる。芸術祭賞、芸術選奨文部大臣新人賞受賞。出囃子は「俄《にわか》獅子」。

当代屈指の古典落語の実力派として高く評価され、抑揚をつけずに淡々とした口調で語る人情噺が得意の噺家、入船亭扇橋師匠。「光石」の俳号をもつ俳人でもあり「東京やなぎ句会」の宗匠を務められています。

師匠の俳句との出合いは昭和一九年（一九四四）、第二次世界大戦中に疎開先で叔父さんたちから勧められたのが、きっかけだそうです。当時はものがない時代で、題を定めて俳句を作り、秀作を選び合う運座《うんざ》では、賞品に人工甘味料のサッカリンやサツマイモ、味噌、サイダーなどが出ました。それがお目当てで通ううちに、俳句に興味をもつようになり、水原秋桜子《みずはらしゅうおうし》主宰の「馬酔《あし》木《び》」の同人となり、昭和四四年（一九六九）一月、「東京やなぎ句会」を立ち上げられました。

「東京やなぎ句会」の会場は新宿の鮨屋の二階。メンバーは永六輔さん、俳優の小沢昭一さんに加藤武さん、噺家の桂米朝師匠に柳家小三治師匠、作家の江國滋さんに神吉拓郎さんら、錚錚たるお顔がそろったなかでの宗匠です。毎月一回、一七日に句会を開くそうですが、その日に決めたのは俳句の五・七・五を足すと一七になるからとのこと。人なりの句でなければいけないと、句会員はみなさま個性豊かな句を詠んでいるそうです。

「先代の扇橋師匠は俳句をやっておりまして、深川の芭蕉記念館に直筆の短冊が残っています。俳句仲間と運座を開き、『梅が香や 根岸の里の 詫び住まひ』と詠みましたのが評判となりましてね、何十年たったいまでも上五の季語がなんでも合ってしまいます。『うぐいすや……』『夕立や……』『打ち水や……』、そうですね『どぜう汁 根岸の里の 詫び住まひ』なんていうのもよいでしょう」

これはうまい、師匠に座布団三枚！

「芭蕉の句に『古池や 蛙飛び込む 水の音』というのがありますが、古池やの『ふ』、蛙飛び込むの『か』水の音の『み』、静けさの『ふかみ』を詠んでいるのです。また『枯れ枝に 烏が止まりけり 秋の暮れ』、この句は五・七・五の頭が『かかあ』、カカーと烏の鳴き声まで詠んでいるんですね。

『目に青葉 山時鳥 初鰹』の句には三つの季語が入っていますが、目で青葉、耳で時鳥、口で鰹を愉しむ。こういう句には幸せを感じますね」

芭蕉の「古池や 蛙飛び込む 水の音」には続きがあるそうです。

「『井の中の蛙大海を知らず、されど空の深さを知る』『大海を知らねども花（桜）も舞い込む月もさす』。ひとつのことを深く観察する人生も、それはそれで愉しいじゃありませんかという句なのですね」

「しあはせは 玉葱の芽の うすみどり」光石
扇橋師匠の噺のなかのこまやかな情景描写、登場人物の演じ方、そしてふぁ〜と感じる温かさは、一〇代の頃からはじめられた俳句人生から来ているのだとしみじみ感じました。

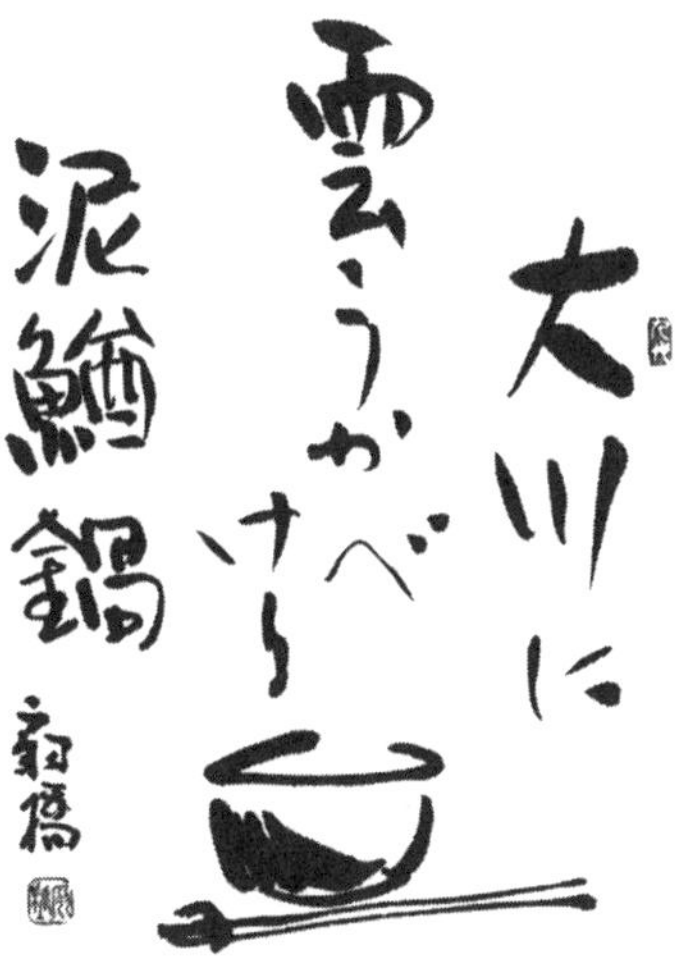

洒落と反骨から生まれた江戸の狂歌

春風亭栄枝

噺家

しゅんぷうてい・えいし
［一九三八―］
落語家／東京・豊島区生まれ。一九五七年京華高等学校卒業後、八代目春風亭柳枝に入門。師没後、林家正蔵（彦六）に師事。七三年真打昇進。師匠彦六没後、八三年七代目春風亭栄枝襲名。出囃子「吉原雀」。主な著書に『蜀山人狂歌ばなし』（三一書房）。

ことば遊びの好きな江戸っ子たちは、洒落と反骨に滑稽味を加えて世相を諷刺した「狂歌」を大歓迎しました。春風亭栄枝師匠が狂歌に興味をいだくようになったのは、噺家になったばかりの昭和三〇年代。当時の寄席では、師匠の八代目春風亭柳枝、さらに古今亭志ん生、桂文楽、三遊亭圓生……と、昭和の落語史に名を残すような大看板がそろい、高座は強烈な個性で賑わっていたといいます。

寄席でそんな先輩がたの噺のまくらを聞くうちに、川柳や諺、語呂合わせの洒落、都々逸《どどいつ》、小唄・端唄の文句にいたるまで、日本語を自在に操るその面白さに魅了されたそうです。

たとえば、「居酒屋」という酔っぱらいが出てくる噺のまくらでは「酒飲みは　やっこ豆腐によく似たり　はじめ四角で　末がグズグズ」。あるいは「酒のない　国へ行きたい　二日酔いまた三日目には　帰りたくなる」という狂歌がよく使われます。

栄枝師匠は、ことにこの粋で洒落の利いた江戸の狂歌に「参ったさん　成田山」になったといいます。それもそのはず、狂歌は落語にもっとも近い文芸であり、そのリーダー的存在が、蜀山《しょくさん》人《じん》＝大田南畝《おおたなんぽ》だったのです。そして、大田南畝が生きた時代こそが、寄席が出来はじめて噺家が登場しだした頃だったそうです。

蜀山人は、寛延二年（一七九四）、江戸牛込中御徒町（現在の市ヶ谷駅と飯田橋駅の間の高台あたり）に生まれ、幕府の下級武士でありながら、狂歌師や戯作者、そして学者としても活躍したマルチな才能をもつ文化人でした。

そして、江戸でいわゆる「天明狂歌ブーム」が巻き起こったのは、ちょうど田沼意次《たぬまおきつぐ》の賄賂政治がはじまろうとしていた時代。こういう享楽的な時代に生きる町人たちは、御政道をちょいとおちょくる狂歌で溜飲を下げたのでした。

十数年間続いた賄賂政治の田沼時代の後に登場したのが、時代劇『暴れん坊将軍』でお馴染みの八代将軍徳川吉宗の孫、老中の松平定信でした。この人がおこなった寛政の改革では、幕府の政道をからかうような出版物も厳しく取り締まり、江戸時代の代表的な戯作者であり浮世絵師である山東京伝《さんとうきょうでん》は「手鎖五十日の刑」に処せられます。これは何も書けないように五十日間手錠をしていろという、もの書きにとっては大変に厳しい刑罰でした。ちなみに、浅草寺境内には、大田南畝が碑文を書いた京伝の机塚がいまもありますので、ご興味のある方はぜひ行ってみてください。

「私が狂歌で一番好きなのが、寛政の改革に反抗して詠んだ『三ぜんの　善を二膳に　へらすとも　御膳御膳と　へつらうのは嫌』という村田了阿《りょうあ》の作」と栄枝師匠。

　これは、浅草黒船町の煙管《きせる》問屋の息子にして学者であった村田了阿のもとに、博学の名声を聞いた松平定信から「ぜひ一度、話しにくるように」という使いが来たとき、断りの狂歌をもたせて返したものだそうです。ときの老中を、もののみごとにふったわけですね。

「こういうユーモアをもって暮らしていけば、なにかと暗いニュースの多い世の中も、明るくなるのでしょう」と栄枝師匠がお話を締めてくださいました。

三　風俗と技

江戸鼈甲

森田正司

江戸鼈甲師

もりた・しょうじ
江戸鼈甲師／江戸の伝統技術を受け継ぎ、荒川区指定無形文化財保持者として活躍。

鼈甲《べっこう》は、南海に棲むウミガメの一種タイマイの甲羅を加工したものです。タイマイの甲羅は薄いため、甲羅の皮を重ね合わせて一定の厚みにしたものを素材として使います。水に湿らせた皮を熱と圧力で幾重にも重ねて張り合わせる技術は、熟練の職人の腕の見せどころ。美しい鼈甲特有の文様が作り出されます。その歴史は古く、正倉院の宝物のなかにも収められているそうです。

江戸時代には、さまざまな女性の髪型が流行しました。そのため、最後の仕上げに使われる髪飾りは重要な小道具でした。特に鼈甲の櫛《くし》や簪《かんざし》、笄《こうがい》は、女性たちのあこがれの的。大変に高価なものであり、大名の奥方など武士階級だけに許されたものでした。ところが、富裕層の町人たちが台頭し、江戸の町人文化が華開くと、鼈甲はいろいろな用途に使われるようになりました。

徳川家康が愛用していた眼鏡のフレームに使われていたのは有名な話ですが、鼈甲は体温で微妙に変形する性質があるので、眼鏡の鼻当ての部分に使用するのは理にかなっていたわけです。

鼈甲の起源からお話をはじめられた森田正司さんは荒川区指定無形文化財保持者の鼈甲師です。

「江戸の昔は、髪飾りとして使われていた鼈甲の櫛や笄も、日本の女性のヘアスタイルが変わり、関東大震災後くらいから、プラスチックに押されてすたれてしまいました。現在、鼈甲職人は六、七〇人しかおりません。でもね、いいものは必ず見直されると思っていますよ。とにかく職人ですから、話よりも手先の仕事を見ていただきましょうか」

森田さんは早速、タイマイの甲羅に熱を加えて、やわらくしたものをヤットコの親方のような道具で、ぴったり貼り合わせる実技を披露。現在はワシントン条約でタイマイの捕獲が禁止されているため、馬や牛の爪が素材に使われることもあるそうです。

鼈甲を細工するから「鼈甲師」。馬や牛の爪を細工するのでは、なんと呼ぶのでしょうか。ちょっと変わったところでは、卵の白味を乾燥させて固めたもので作ることもあるそうです。

貴重なお話のほかに、実技による職人さんの見事な腕前を見せていただき、大変に充実した江戸文化道場でした。

三　風俗と技

江戸っ子の美学の粋・江戸指物

井上喜夫　江戸指物師

いのうえ・よしお
［一九四二―］
江戸指物師／東京・浅草七軒町生まれ。一九六一年より父猪治の師事のもと指物師の道を歩む。二〇〇一年経済産業大臣認定「伝統工芸士」となる。二〇一一年「瑞宝単光賞」叙勲。

浅草生まれの井上さんは、高校卒業後、江戸指物《さしもの》師のお父上、井上猪治親方に師事し、修業をはじめられました。以後、今日まで一筋に江戸指物師を続けている方で、風貌といい話しかたといい、「これぞ指物師」という雰囲気をおもちです。

簞笥や座卓、飾り棚などをその代表とする指物家具とは、釘を使わずに、木部に凸凹（ほぞ）を作り、そのほぞによって板と板、棒と棒を組み合わせて作る家具をいうそうです。江戸時代には、衣食住のすべてにおいて「江戸前」が流行しましたが、指物家具の世界でも「江戸風」、「江戸好み」と呼ばれるスタイルが確立されました。

ほぞの部分を「仕口」と呼ぶのですが、数十種類ある仕口のうち、江戸指物では外からは見えない「隠し蟻組」や「三方留」など、高度な職人の腕が生きる仕口を使って製作します。ややもすると絢爛豪華をよしとする関西家具とは対照的で、見かけの華やかさより内側に込められた美を追求する。それは、見てくれより、「見えないところまでも手抜きをしない」という江戸っ子の心意気による賜物でしょう。

江戸っ子の美意識が育んだ江戸指物は、余計な装飾をせずに美しい木目を生かし、すっきりとした姿に気品が漂う伝統工芸なのです。

井上さんは、おもちになった指物を、その場で分解して組み立てかたを解説してくださいました。「組み」、「留め」、「継ぎ」などいろいろある組まれたものがバラバラになっていくのは、まるでマジックを見ているようでした。

そして、つぎに見せていただいたのは、職人にとって「命」ともいわれる見事な道具類。鋸《のこぎり》、鑿《のみ》、玄翁《げんのう》、鉋《かんな》など、昔ながらの道具ばかりです。緻密で繊細な作業に欠かせない鉋は、大きなものから親指サイズの豆鉋まで、大小さまざまな鉋をそろえているそうです。

「指物師も、多いときは一五〇〇人くらいいたんですが、いまは東京で五〇人くらい。立派な後継者を育てたいですね。だっていい物を作れば、長く使っていただける。材料となる木のためにも、必要以上に自然を破壊しない共存共栄につながるんじゃないでしょうか」

井上さんは、ご子息の健司さんを弟子として育てられてきましたが、健司さんが経験を積んで一〇年目に、もうひとり女性の弟子を取りました。普段は三人で黙々と作業をしていますが、ときに「もう少し薄く」とか「少し削って」などアドバイスをすることもあるとか。

「技術は盗むものだけど、伝えるものでもあるんですよ。長年一緒にやっていれば、細かく指示をしなくても『少し』で伝わるんです。一人の職人が一人を育てる。そうすれば絶対に技術は残るんです」

謙虚で温かいお人柄の井上さんに、「江戸指物万歳！」と叫びたくなるような江戸文化道場でした。

江戸手ぬぐい

川上桂司　「ふじ屋」店主

かわかみ・けいじ
［一九一八―二〇〇七］
江戸染め絵手ぬぐい専門店「ふじ屋」創業者／東京・浅草生まれ。子息・川上千尋氏との共著『ふじ屋染　平成てぬぐいあわせ』（明治書院）がある。

「手ぬぐいの歴史は古うございます。最初の素材は麻で、儀礼装飾用として冠っていたようですが、現在のような木綿の手ぬぐいが広く用いられるようになったのは、江戸時代に入ってからでございます」

浅草寺の鐘撞堂のある弁天山近くで、江戸染め絵手ぬぐいの専門店「ふじ屋」を創業された川上桂司さん。

江戸の昔から、手ぬぐいは手拭きや汗拭きのほか、帽子やネッカチーフの役目をするかぶりもの、怪我をすれば包帯、下駄の鼻緒が切れればさっと裂いて鼻緒の代わりにと、実にさまざまに使われてきて、当時の人にとってはなくてはならないものだったそうです。

浅草は芸人さんが多いところですが、たとえば噺家さんが高座で落語を語るとき、手ぬぐいを小さく畳んで財布や煙草入れにして使ったり、家紋や似顔絵などを染め抜いた手ぬぐいを年始のご挨拶や、二つ目、真打ちの昇進のお祝いの配り物にしたりと、手ぬぐいは欠くことのできない大事な商売道具でもあります。

「ふじ屋」の手ぬぐいが使い込むほどに肌ざわりがよくなるのは、昔ながらの製法で作られているからです。手ぬぐいに合った番手で木綿生地を織り、染めがよくのるように生地を煮て天日干しをして晒すことで不純物をなくします。手ぬぐいの染色法には二通りがあり、ひとつは浴衣と同じ注染といって、型紙を生地に当てて糊で防染し、染料を注いで染めます。もうひとつは長板本染めで、板張りにした生地に型紙を使って糊で防染した後、藍瓶に繰り返し漬ける藍染めと、伸子《しんし》で張った生地に刷毛で柄を染める引き染めがあります。

川上さんが描いた絵柄を、型職人が型紙にして彫り、それを元に染め職人が染めるというまさに職人の技の結晶が「ふじ屋」の江戸染め絵手ぬぐいなのです。

ところで、江戸の町に江戸独自の文化が花開いた安永から寛政の時代、天明四年（一七八四）に、有名な戯作者・山東京伝が、上野の不忍池で「たなくいあわせ」という手ぬぐいの品評会を開きました。松江の殿さま、松平不昧公《まつだいらふまい》の弟で風流大名として知られる松平雪村《まつだいらせっそん》や絵師の酒井抱一《さかいほういつ》、浮世絵師の喜多川歌麿、吉原の花魁、花扇と、当時の文化人や風流人がこぞって参加し、そのうち七九点が絵本になって残っているそうです。川上さんは、そのうちの一二点を二〇〇年ぶりに復元しました。

「ふじ屋」さんの人気商品にもなっているそれらの手ぬぐいの斬新なデザインは、江戸のものとは思えないほど新鮮です。手ぬぐいは生活用品であると同時に、立派な装飾品でもあったのですね。その事実を改めて、私たちに形にして再現してくださった川上さん。まさに江戸の風流をいまに生きていらっしゃる大先輩です。

「木綿という素朴な布に、四季折々の風物を描いて、それを生活のなかで楽しむ。手ぬぐいには江戸文化の原点がございます」

三　風俗と技

江戸風鈴の音色を愉しむ

篠原儀治

「篠原風鈴本舗」二代目

しのはら・よしはる
「篠原風鈴本舗」二代目／東京・向島生まれ。江戸川区無形文化財保持者。東京都優秀技能賞受賞、都知事賞受賞。工芸会会長として活躍。二〇〇四年名誉都民の称号を授与される。

『売り声もなくて　買い手の数あるは　音にしらるる　風鈴の徳』

お父さまの篠原又平氏から風鈴作りを仕込まれて、ガラス風鈴を「江戸風鈴」と命名し、独自の風鈴を作られてきた篠原儀治さん。江戸川区無形文化財保持者に認定され、江戸川区文化功績賞、東京都知事賞、優秀技術賞受賞という華々しい経歴をおもちですが、黒い腹掛け、手甲、足袋がよく似合いそうな、江戸の職人さんを彷彿とさせる方です。

江戸風鈴のはじまりは、約二〇〇〇年前の唐の時代、竹林に下げて風の向きや音の鳴りかたで、物事の吉凶を占う占風鐸《せんふうたく》といわれる道具が起源といわれています。日本には、仏教などと一緒に渡来してきたそうです。現在でも、お寺の四隅には風鐸が掛かっていますが、厄除けとして使われ、ガランガランと鳴る音が聞こえる範囲には災いが起こらないといわれました。

風鈴と呼ばれるようになったのは、鎌倉時代の僧侶・法然上人が「風鈴《ふうれい》」と名付けたことによります。その後、「ふうりん」という呼び名になり、材料によっていろいろなものが作られるようになりました。

そのひとつがガラスです。硅石に塩を混ぜての焚き火がガラスの発見で、日本へは西洋からガラス（ビードロ）、ギヤマン（オランダ語）が伝来。江戸時代に入ると、加賀屋、上総屋などがビードロの制作をはじめ、のちに九州の大名が競ってガラス作りをするようになったそうです。

江戸風鈴の作りかたについてもお話がありました。一三二〇度前後はある炉のなかに坩堝《るつぼ》というつぼが埋め込まれていて、そのなかにガラスが溶けています。「ともざお」というガラス棒を入れて、一円玉ぐらいの大きさにガラスを巻き取ります。この小さな玉が「口玉」で、後で切り離して鳴り口にします。

つぎに風鈴の本体を作ります。口玉の上にもう一度ガラスを巻いていき、この本体の部分を少し膨らませて、針金で穴をあけます。これはあとで糸を通す穴になります。最後にひと息でふくらませます。このように、型を使わずに空中でふくらませる方法を宙吹きといい、篠原風鈴の風鈴はすべてこの方法で作られているそうです。

二〇分ほどして触れるくらいに冷めたら、口玉の部分を切り落として完成。江戸風鈴の鳴り口の部分がギザギザしているのは、コップのように滑らかだと音がしないからだそうです。仕上げに金魚などの涼しげな絵を描き入れ、鳴らすようにして仕上げます。

風鈴の形は時代とともに変化しているそうで、江戸から明治にかけては平べったい丸形が、昭和に入るとまん丸に近づきました。この形の変化は、女性の身体の線（尻）に符合しているとか。

形はどのように変わろうとも、涼やかな風鈴の音色を楽しむ風情、風雅の心はいつまでも大事にしたいですね。

江戸千代紙

小林一夫
全日本紙人形協会会長

こばやし・かずお
［一九四一―］
お茶の水おりがみ会館館長／東京・湯島生まれ。二〇〇五年、国際おりがみ協会理事長に就任。主な著書に『花づくし折り紙』（朝日新聞出版）、『英訳付きおりがみＢＯＯＫ』（二見書房）など。

小林一夫さんは、和紙の老舗「ゆしまの小林」の四代目社長です。初代の小林幸助氏は、上野寛永寺の仕事などをおこなう「経師」、つまり書画の軸や屏風、襖を表装する表具師でした。その後、和紙全般の加工技術を習得して、安政五年（一八五八）に「染め紙屋」として東京湯島の四五〇坪の土地に、大規模な工場を作ります。和綴じの本ですとか、刷毛でもろもろの色のついたものを染めるという、とても珍しいご商売だったそうです。

明治に時代が変わると、初代文部大臣の森有礼《もりありのり》が、ドイツの教育学者フリードリッヒ・フレーベルの教育理念をもとに、日本の小学校教育で工作の時間に「畳紙《たとうがみ》」を取り入れます。それをきっかけに文部省からの要請で、世界で初めての折り紙の製造販売を開始することになりました。

歴史ある和紙のお店ですが、代々の当主のなかでも、折り紙を折るようになったのは器用な小林さんが初めて。先人の知恵や技を感じる伝承の折り紙に魅了され、三〇代から本格的に取り組むようになったそうです。中国、韓国、フランス、スペイン、アメリカなどなど、世界各地で折り紙の展示講演活動をおこなっていらっしゃいます。

「やはり外国へ行って、一番注目してくれるのは折り紙なんですね。紙さえあれば、どこでもいつでも折ることができる、言葉のいらない日本独特の文化なんです」

折り紙とは、本来は「もてなす心」を紙で形として表現したものだそうです。そもそも紙とは、五穀豊穣を願って神さまに供物を奉るときに使うものです。そのとき紙を一折りにする。それが折り紙のはじまりです。現在では、天麩羅などを盛るときに、もう少し複雑に折ったりしますが、そうすることでもてなしの心を伝えているのですね。

さて、江戸千代紙。京の千代姫の名からとったとか、千代田城の大奥で好まれた「松竹梅」「宝尽くし」「鶴亀」などのめでたい柄が多いのでそう呼ばれるようになったなど、千代紙の起源、名称はいろいろあるのだそうです。とにかく下町娘の手遊びや、江戸土産としてとても人気で、江戸末期には本家の京千代紙、京都をしのぐ勢いで、最盛期を迎えました。

三　風俗と技

江戸の豆玩具

木村吉隆

江戸趣味小玩具「助六」五代目

きむら・よしたか
［一九三七―］
「助六」五代目店主／東京・浅草生まれ。慶応義塾大学経済学部卒。会社勤務の後、家業である「助六」を継ぐ。江戸文化や風俗に造詣が深く「新・日本風土記」（ＮＨＫ）などに出演。著書に『江戸の縁起物』『江戸暦 江戸暮らし』（ともに亜紀書房）。

浅草は仲見世の、観音さまに一番近い場所で江戸趣味小玩具のお店を構える「助六」さん。慶応二年（一八六六）創業、間口一間《いっけん》の店内には江戸由来の小さな玩具が三〇〇〇点も並んでいます。

木村さんがお店を継ぐことになったとき、父上からは「お客さまがもう一回来たくなる店にしろ」といわれたそうです。たしかにお店には、何度も通いたくなる、何度見ても飽きない可愛い豆玩具がぎっしり詰まっています。

「助六」という屋号は、縁起のよい浅草寺の辰巳の方角でご商売をはじめられるときに「観音さ

必勝

まの五臓六腑をお助けしよう」という思い、そしてお住まいが花川戸であったため、歌舞伎一八番のひとつ「助六由縁江戸桜《すけろくゆかりのえどざくら》」に登場する花川戸の助六にちなんでのことだそうです。私は「越後屋助七」なので、「助六」の木村さんとは兄弟のような感じがいたします。

日本で唯一の江戸趣味小玩具のお店「助六」が、小さな玩具にこだわりつづけて商売をされてきたのは理由があります。江戸の享保時代（一七一六〜三六）、八代将軍徳川吉宗は数々の幕政改革をおこないました。なかでも贅沢禁止令によって裕福な町人たちが豪華な玩具を飾ることがご法度となったため、精巧な細工による小さな玩具やお上に対する風刺や洒落をきかせた小玩具が作られるようになったそうです。まさに、江戸っ子の気概と粋が形になって、いまも私たちを楽しませてくれているのです。

遊び心に長けて、語呂合わせが好きだった江戸っ子らしく、「助六」の玩具にはそれぞれ謂われがあります。たとえば酒徳利を横に置いた「招き河童」。川や沼に棲んでいる河童は、人や馬が近づくと水の中に引きずり込んで生き肝を喰らうといわれています。その反面、人助けをしたり受けた恩は忘れないとも伝えられています。そこで、浅草名物の「招き河童」は人を引っ張り込む「客引き河童」とも呼ばれ、商売繁盛、一家繁栄のおまじないとして人気があったそうです。

「必勝」と書かれた捻り鉢巻きをして文机に向かう「合格狸」は、「たぬき」＝「他抜き」から他を抜いて試験に合格するというお守りの役目もあるなど、思わず笑ってしまうような愛敬のある小玩具ばかりです。

ほかにも犬張り子に笊をかぶせた「笊かぶり犬」は、風邪をひいても鼻づまりしないように水の通りの良い笊をかぶせ、できものの瘡《かさ》（かさぶた）が小さくなるようにすぼめた傘を笊の上にのせています。犬という字に竹かんむりをかぶせると「笑」という字に似ることから、「子どもには、いつもにこにこ笑顔で元気に育ってほしい」という親の願いもこめられているそうです。

子どもが病気や怪我で命を落とすことが多かった江戸時代に、親が子どもを守るために与えた玩具の数々を見ていると、いつの時代も変わらない愛情を感じます。そんな思いを職人さんの手仕事で守りつづけているお店が浅草の仲見世にあるのは、私たち浅草の人間にとって嬉しいかぎりです。

三　風俗と技

江戸の暮らしと提灯

恩田瞬史

「大嶋屋恩田」五代目

おんだ・しゅんじ
［一九四八―］
「大嶋屋恩田」五代目店主／東京・浅草生まれ。一九七一年より三年間、泪橋大嶋屋村田欣一氏に師事し修業をする。台東区優秀技能者に認定。東京都優秀技能者知事賞受賞。現在も提灯研究会などで技術の向上交流を図っている。

「駒形どぜう」の創業は享和元年（一八〇一）。それから五〇年ほど経って「駒形どぜう」の前で提灯屋を開いたのが「大嶋屋恩田」さん。店の前には、江戸文化道場にご登場いただいた講師の方がたのお名前が入った細長い御用提灯が掛かっていますが、それも恩田さんの手によるものです。

提灯は室町時代に中国から入ってきたもので、そもそも籠に紙を貼っただけの簡単なものでしたが、使わないときには邪魔にならないよう畳んで箱提灯に作り替えたそうです。日本の職人は手先が器用なうえに応用が利くのですね。その後、ブラ提灯、弓張提灯、盆提灯と、いろいろな提灯ができるようになります。うちの店では、暮れからお正月にかけて入口に「駒形どぜう」と書いた高張提灯を出すのも、昔からの風習です。

提灯が出てくる諺が、いくつかあります。「提灯に釣鐘」とは、釣り合いが取れていない、比較にならないことのたとえ。「月とスッポン」ともいいますね。提灯も釣鐘も、ともに釣り下げて使うものですが、その重さは比べものにならないことから、こういう諺が生まれました。えらく調子のいいひとを、「あいつは『提灯もち』だね」などといいます。おべんちゃらをいって、ほめてまわるような人のことをさしますが、これも闇夜に提灯をともして「さあさあ、どうぞ、どうぞ」と先をせわしく歩く姿からきているのかもしれません。さらに「月夜に提灯の解説」なんていうのもありまして、明るい月夜の晩には、提灯をもって歩いても役に立たないどころかむしろ邪魔という諺。こう見ていくと、電気が発明されるまでの長いあいだ、提灯と私たちは暮らしのなかで、切っても切れない関係にあったことがわかります。

「それでは、提灯の明るさがどのくらいのものか見ていただきましょう」

と、恩田さんが電気を消してローソクの火を入れてみました。電気の明るさに比べるとなんと暗いこと。提灯の灯は〇・一ルクスで、満月の光の半分の明るさだそうです。でも、江戸の昔はネオンも街灯もなかったのですから、提灯の明かりで十分役に立ったのでしょう。ふんわりした提灯の明かりは心の癒しです。

提灯に書く文字の書体は、楷書を太く書く江戸文字や草書などがあるそうです。提灯は表面が凸凹しているので、輪郭線を書く「素描」をしてから、その中を塗ります。ここで実際にお客さまに「江戸」「文化」「どぜう」とあらかじめ素描したものを塗っていただきました。皆さん、はじめてにしては上出来で、完成した提灯はお土産にプレゼントされました。

「はって悪いは親父の頭、はらなきゃ食えねえ提灯屋」

「大嶋屋恩田」さんでは、提灯張り教室をやっているそうですから、興味のある方はご自分の家紋や名前を入れた提灯を作られてはいかがでしょうか。

第二章

実践編――粋なおとなの愉しみ

特別対談

江戸にはじまる講談には人生の教えが詰まっています

駒形どぜう六代目
越後屋助七

×

講釈師
宝井琴梅

「講釈師　見てきたような　嘘をいい」

六代目　第一回目の江戸文化道場から三〇年以上経ち、二〇九回を迎える現在まで、ほとんどの回をお付き合いいただいているのは、司会をお願いしている講釈師の宝井琴梅師匠と、撮影をお願いしているフリーカメラマンの竹林龍三郎さんのおふたりです。琴梅師匠には司会だけではなく、「駒形どぜう」のPR誌『どぜう往来』で毎回、講座の内容について報告をしていただきました。

琴梅　江戸文化道場のゲストの方が、とても内容の濃いお話をされるので、会場に来なかったお客さまにもお知らせしようと、『どぜう往来』という小冊子が刊行されて、私は毎号、簡単なレポートを書かせていただきました。

六代目　それも残念ながら、数年前に休刊してしまいました。それでも、竹林さんの撮った写真と琴梅師匠が書いてくださったレポートがあったおかげで、こうして二〇〇回記念に本を刊行する運びとなったのですから、ありがたいことです。

そこで、江戸文化道場で講釈師としても熱演していただいている師匠に、講談についてお話を伺いたいと思います。江戸文化道場のプログラムでは、毎年少なくとも一回は講談を企画しておりますので、私もだんだん耳が肥えてきました（笑）。講談もやはり江戸時代にはじまったのでしょうか？

琴梅　講談は、慶長年間（一五九六～一六一五）に赤松法印《あかまつほういん》という僧侶が、徳川家康に『太平記《たいへいき》』の講釈をしたのがはじまりといわれています。ご存知のように『太平記』というのは、南北朝時代を舞台にした約五〇年の歴史を全四〇巻で書いた超大作の軍記物です。その内容を、楠木正成《くすのきまさしげ》がどうした、足利尊氏《あしかがたかうじ》がこうしたと、わかりやすくかみ砕いて講釈したんですね。それに習って各大名家でも御伽衆《おとぎしゅう》と呼ばれた講釈師を招いて、自分の家の先祖が関ヶ原の戦いでどんな手柄を立てたかなんていう武勲を語らせるようになりました。「講釈師　見てきたような　嘘をいい」って（笑）。

ときが経ち、天下泰平になってくると、大名に軍談を講釈していた御伽衆は職を失って、お寺や神社の境内などで講釈するようになります。これを「辻講釈」と申します。そうしますと人が集まるようになりまして、見世物小屋などが建ち並ぶ江戸一番の盛り場であった両国広小路あたりでは、ちょっと座れるように床几《しょうぎ》を置いたり、葭簀《よしず》張りの小屋掛けを作ったりするようになっていくんです。

六代目　寄席の原型のようなものができてくるんですね。

琴梅　江戸時代後期になりまして、伊東燕晋《いとうえんしん》という講釈師が出てまいりまして、常に羽織袴姿できちんと挨拶をしてから、『曽我物語《そがものがたり》』などの軍記物や徳川家康公の功績などを講釈していたのですが、畏れ多くも家康公の話をするのであるから、聴衆より一段高いところに上がって口演するのを許していただきたいと奉行所へ願い出て、高座を作る許可をもらったんです。

六代目　なるほど、それから高座で語るというスタイルができたわけですね。現在の講談のスタイルは、高座の上に釈台という机があって、その上に和紙で作った張り扇《はりおうぎ》を置きます。琴梅師匠はこの張り扇の入れかたがまたうまい。「そして三年後」といって、ビシッと入る（笑）。あれはおもに場面展開の合図ですか？

琴梅　そうなんです。「カラス、カァで夜が明けると」、バン、「旦那、おはようございます」って声音も変えて場面展開をするわけですね。

六代目　講談の演目は「読み物」といいますし、講釈師の方は朗々と語っているのに「講談を読む」というのは、どこから来ているのでしょうか？

琴梅　昔は釈台の上に本を置いて、その内容をわかりやすく講釈したので、「語る」のではなく「読む」といいました。堅い話をするときは頭に入っていても、先輩がたは台本を置いていましたね。たとえば『三国志』などは、話の要点くらいしか書いていない本を置いといて、いかにも読んでいるかのように講釈する。ひとつの小道具です。「講談は、一に声、二に記憶」なんですよ。記憶力の悪い人は、講釈師には向いてないの（笑）。

六代目 講釈師の方は、噺家さんのように高座で手ぬぐいは使いますか？

琴梅 昔むかしは「芸が臭くなるから」と、正面を向いて上《かみ》も下《しも》もきらずに登場人物や情景を描りといわれました。でも、いまでは懐に入れた手ぬぐいを煙草入れの代わりにして、煙管で煙草を吸う仕草などをつけてますね。

講談と浪曲のちがいとは

六代目 歌舞伎でも講談でも、日本の古典芸能は最初はよくわからなくても、聞いているうちに耳が慣れてきて、面白くなるんですね。浪曲もよくわからずに聞いていたのが、だんだん耳が肥えてきました。ところで、浪曲と講談のちがいって、どこにあるのでしょうか？

たからい・きんばい　[1941―]
講釈師／東京・墨田区生まれ。1966年12代目田辺南鶴に入門。翌年宝井馬琴門下となる。1975年真打ち昇進、宝井琴梅襲名。1996年新潟県魚沼市に「梅桜亭」オープン。趣味はマラソン。講釈師の原点に戻り、川越と浅草の寺の境内で辻講釈を行っている。著書に『おらあ日本のマンマが食いてえ』(家の光教会)。

琴梅　浪曲は講談とちがって、あいの手に三味線が入ります。ですから、曲師の方が必ずいます。

六代目　浪曲の場合、節をつけることで演者も聞き手もハイになるところがありますね。それにわかりやすい。

琴梅　浪曲のほうが講談に比べて歴史が浅いというところもあります。お馴染みの浪曲『清水次郎長伝』も、最初は講釈師・三代目神田伯山《かんだはくざん》先生の一八番《おはこ》でした。先生はこれで大人気となり、ご自分が出演している寄席の周囲八丁あたりまで講釈場ががらがらになってしまうので、「八丁荒らし」と呼ばれるほどでした。これに聞き惚れた二代目広沢虎造が先生を追いかけ回して、浪曲化するお許しを得たんです。みなさんお馴染みの話で、『水戸黄門漫遊記』や『大岡越前守《おおおかえちぜんのかみ》のお裁き』などは講談が最初です。

六代目　よく見てみますと、講談好きと浪曲好きはちょっとちがいますし、さらに落語ファンともどういうわけかちがう。面白いですよね（笑）。

琴梅　ラジオ全盛期は、毎日のように浪曲番組を聞いていました。子どもの頃、銭湯に行くと、必ず誰かが湯船に浸かって「旅ゆけば〜〜」ってうなってましたよ（笑）。かと思えば、下足の木札でバンバンとあいの手を入れながら、講談を語っている人もいましたしね

（笑）。大衆芸能が身についていたお客さまが大勢いらして、耳も肥えていましたよ。下手な芸を見せると「幕閉めろ」なんて野次られて。そうやって、私たちの芸を育ててくれたのでしょうね。

佐渡のトキと講釈師、どちらが先に絶滅するかといわれた時代

六代目 私の子どもの頃は、ラジオなどでいつも講談や浪曲が流れていたものですが、残念なことに、最近では講談を聞く機会も少なくなりましたね。

琴梅 上野広小路の寄席「鈴本演芸場」の横に、幕末に開場した歴史のある「本牧亭」という講談だけの定席がありましたが、一〇年ほど前に閉じてしまいました。

六代目 駒形界隈の古い写真を見ますと、現在の浅草消防署のところに芝居小屋があって、役者さんの名前が入った幟《のぼり》がうちの店の塀までずらりと並んで立っていました。テレビが普及されていなかった時代は、各町内に芝居小屋や寄席があって、夕飯を食べたあとは家族で出掛けて楽しんでいたのでしょうね。

琴梅 浅草には「金車亭《きんしゃてい》」という講談の寄席がありましてね。下町のお客さんは耳が肥えてい

て芸にうるさいんです。ですから「金車でトリを取れば大看板の証拠」といわれていました。お客さんには大工さんなど職人さんが多かったから、天気の日より雨降りのほうが、客の入りがよかった。雨が降れば骨休みですから。講釈場は畳敷きで、木枕が並んでいまして、そこで横になって聞いていてもマナー違反ではありません。お酒飲みながら聞くのもかまわない。そのかわり、うるさいですからイビキをかいちゃだめなんですよ（笑）。

六代目　まさに大衆芸能ですね。煎餅バリバリ、弁当食べたりしているザワザワした客席を、自分の芸でどう惹きつけるかが講釈師の腕の見せどころなんですね。

琴梅　講談の全盛期は、幕末から明治二〇年（一八八七）頃で、東京だけで寄席の数は五〇から六〇、講釈師も五、六〇〇人はいたといわれています。そのなかには、とてつもない名人級があらわれて、寄席は連日大入満員の大盛況でした。いまでも読まれている『天保六花撰《てんぽうろっかせん》』や『鼠小僧《ねずみこぞう》』などを創作した二代目松林伯圓《しょうりんはくえん》、流暢な読み口で、客は二時間続けての口演でも飽きずに聞き惚れたという桃川如燕《ももかわじょえん》、『赤穂義士伝《あこうぎしでん》』を得意とした三代目一龍斎貞山《いちりゅうさいていざん》など、講談史に残る大先輩の方がたです。

六代目　そういう黄金期があっての現在の講談なのですね。いつ頃から、講談があまり聞かれなくなったのでしょうか？

琴梅　流れるような名調子からついたあだ名が「水道の蛇口」という六代目一龍斎貞山《いちりゅうさいていざん》先生が三月一〇日の東京大空襲で焼死されまして、戦後はそのほかの大先生がたも相継いで亡くなりました。うまくバトンを渡すことができずに、バッタリ途絶えたという状況でしょうか。戦後はＧＨＱから「仇討ちもんは、やっちゃいけない」といわれたりもしましてね。

六代目　琴梅師匠が、昭和四一年（一九六六）に田辺南鶴《たなべなんかく》先生に入門されて、講談の世界に入られた頃はいかがでしたか？

琴梅　私の兄弟子・六代目宝井馬琴は、私が入門するまで十何年間後輩がいなかったそうです。それで私が前座のときに新聞の取材が来まして、「講談界に決死隊あらわる」って書かれたほど（笑）。その翌年に一龍斎貞鳳《いちりゅうさいていほう》先生が、朝日新聞社から『講談師ただいま24人』という本を出されたんですが、東京と大阪をあわせても、それしかいなかったんです。絶滅するのは、佐渡のトキと講釈師とどちらが早いかといわれたほど。そこが一番のどん底だったのでしょう。それでも、講談の定席がなくても講談をやりたいという人が出てきて、いまは東京と大阪で八五人ほどいます。

六代目　現在、講談を聞きたいと思ったら、どちらに行けばよろしいですか？

琴梅　落語協会か落語芸術協会に所属している講釈師ならば、色物ということで寄席に出演していいます。いま一番人気の神田松之丞《かんだまつのじょう》も落語芸術協会に所属していますから、寄席で聞くことができますよ。

「講釈師　冬は義士　夏はお化けで飯を食い」

六代目　さきほどお話に出た幕末から明治にかけての講談全盛期の時代は、世の中には学校に行きたくても行けない子もいたわけで、講談を聞いて「親に孝行」とか人生で必要な教えを勉強したのだと思うんです。聞いていても「いい話だな」としみじみ思う講談はたくさんありますが、なかでも江戸文化道場でたびたびやっていただいている『徂徠豆腐《そらいどうふ》』、私は大好きなんですよ（笑）。

琴梅　江戸時代中期に活躍した儒学者・荻生徂徠《おぎゅうそらい》の話ですね。貧乏で、一日の糧が豆腐一丁という荻生徂徠先生。赤穂浪士処分問題で処罰ではなく、武士らしく切腹を進言して世に出る。赤貧の時代に世話になった豆腐屋さんを芝増上寺御用に、そして作る豆腐は「徂

六代目　徠豆腐」と名付けて商売を繁盛させたという、こころあったかくなる一席ですね。学者としてえらくなった先生が、清貧時代に助けられた豆腐屋に恩をかえすという話ですが、徂徠先生もえらいが、助けた豆腐屋もえらい。講釈師の方の話の構成と語りかたがうまいので、しみじみ聞けてこころに届くんですね。これはぜひ、みなさまにも聞かせたいと思うわけです。

琴梅　この話は古典講談として台本もあるのですが、今日《こんにち》、まったく同じに高座にかけたんじゃあ、お客さまにわからないところもあるので、演者は自分流に脚色したり、話のはじめにまくらをつけたりするんです。そのへんが講釈師のもち味となりますから、自由にやっていいんですね。

六代目　そこが、琴梅師匠はうまいんです。

琴梅　ありがとうございます。

六代目　父は江戸っ子のご多分に漏れず、赤穂浪士が大好きでした。あれを聞かないと、年が明けない（笑）。

琴梅　日本人のこころの琴線に触れるものがあるのでしょうね。講釈師を詠んだ川柳に「冬は義士、夏はお化けで飯を食い」とあるくらい、『赤穂義士伝《あこうぎしでん》』は講談の代表的な演目であり、いまでも人気があります。元禄一四年（一七〇一）に江戸城で起きた赤穂藩主・浅野内匠頭《あさのたくみのかみ》が吉良上野介《きらこうずけのすけ》に斬りつけて切腹を命ぜられ、播州《ばんしゅう》赤穂浅野家は城を幕府に明け渡すことになります。その後、亡き主君に代わり、家臣の大石内蔵助《おおいしくらのすけ》以下四七人が本所の吉良邸に討ち入り本懐を遂げるという事件ですが、一般には「忠臣蔵《ちゅうしんぐら》」の名で知られています。刃傷事件から吉良邸討ち入りまでが「本伝」、家臣四七人にもそれぞれ逸話がありまして、それを「銘々伝《めいめいでん》」、さらに討ち入りを取り巻く人びとの物語「外伝」があるんです。たとえば、義士のひとり、堀部安兵衛《ほりべやすべえ》って方は、生涯に三回仇討ちをしたという江戸のスーパースター。安兵衛さんだけで、二〇席くらいの話があります。

六代目　赤穂義士伝のなかでは、『赤垣源蔵徳利の別れ』の話がいいですね。

琴梅　これも何度か江戸文化道場でやらせていただきましたが、兄弟の切々たる愛情が描かれていて、「銘々伝」のなかでも人気の高い名作です。

六代目　講談の素晴らしさは、同じ内容でも語る講釈師がちがえば、また別の面白さがあるというところですね。笑いあり涙ありの話の面白さに引き込まれているうちに、すっとこころに入るものがある。親のありがたさであったり、義理人情の大切さだとかがわかるんですね。講談を聞かなくなったので、いまの日本は「てめえさえよければいい」って人が多くなったのではないでしょうか。これからも江戸文化道場では、講談や浪曲の会をつづけて、本物の芸に出合っていただきたいと思いますので、どうぞよろしくお願いいたします。

琴梅　はい、頑張ります（笑）。

一　歌舞伎・能・文楽

歌舞伎を愉しむ方法

小山観翁

イヤホンガイド解説員

こやま・かんおう
［一九二九―二〇一五］
古典芸能評論家／東京生まれ。歌舞伎、文楽、落語など古典芸能に造詣が深く、草創期からイヤホンガイドに携わる。江戸勘亭流書道家元。著書に『痛快！歌舞伎学』（集英社インターナショナル）、『古典芸能の基礎知識』（三省堂選書）など。

芝居見物をするとき、私は筋書きと一緒に必ずイヤホンガイドを利用します。開演前に、これからはじまる芝居についての解説があり、幕が開けば下座《げざ》音楽から役者の衣裳、台詞の口調、演出についてなどなど、わかりやすく説明してくれます。おかげで、芝居が二倍三倍に愉しめます。しかも、芝居の流れを邪魔せずにいい合間に解説が入るのが何よりすごいと、いつも思います。

イヤホンガイド解説員であり、伝統歌舞伎懇話会会長の小山観翁さん。イヤホンガイド草創期は、歌舞伎の役者さんたちからも「よいものを演じれば必ずわかる。自分たちの芝居に解説はいらない」という声がありましたが、六代目中村歌右衛門丈と一七代目中村勘三郎丈という当時の重鎮が賛成にまわったことで、それ以後は反対の声は聞かなくなったそうです。

歌舞伎好きのおばあさま、おとうさまの影響で、二歳くらいのときから歌舞伎座に通っていらしたという観翁さん。小学生の頃、大阪から来た女形の名優・三代目中村梅玉《ばいぎょく》が演じる『艶容女舞衣《あですがたおんなまいぎぬ》』酒屋の段での、娘お園のお芝居を観ていたときのこと。お隣にいらしたおばあさまが「大阪の役者は芸がこまかいね。土間へ、飲みさしの湯呑みの湯を捨てるところをご覧。あの傾けかたで、お舅さんにどのくらいのお湯を飲ませたのかわかるね」とささやいたのだそうです。それを聞いた小学生の観翁少年は「芝居には、そういう見かたもあるのか」と気がつかれた。そういう解説をする芝居通のおばあさまもすごいですが、そこに共感した観翁さんもすごいです。

そんな歌舞伎通の観翁さんには、江戸文化道場に二回ご登場いただき、歌舞伎がより面白くなるための四方山話《よもやまばなし》をいろいろお聞かせいただきました。

たとえば、いまも歌舞伎座の舞台に掛かっている引き幕。江戸時代、芝居小屋で引き幕を使えたのは官許大歌舞伎の特権で、江戸では中村座、市村座、森田座の江戸三座しか許されていなかったそうです。ですから、ほかの芝居小屋は見世物の扱いになり、ここでは緞帳《どんちょう》が使われました。そこで「緞帳芝居」といえば、小芝居を意味するそうです。

ちなみに江戸三座の引き幕の色は、中村座が「黒・柿・白」、市村座が「黒・柿・萌黄《もえぎ》」、森田座が「萌黄・柿・黒」の順。定式幕の色を見れば、何座かがわかったんですね。

歌舞伎が好きになるには、一番最初に見たお芝居が「面白い」と思えることが肝心とよくいわれています。そこで、長いこと歌舞伎を観ていらした観翁さんに、お好きな演目についてお聞きしてみました。

「やはり『勧進帳《かんじんちょう》』が好きですね。あれはわかりやすくて見せ場もいろいろあり、よくできております。見どころは弁慶。それも弁慶をやる役者の人柄によるんです。義経一行を無事に落ちのびさせた弁慶が、あとを追っていく幕切れの『飛び六方』は、情ある関守・富樫左衛門への感謝の情が出ているかどうかで芸の厚みが決まるんですね。

七代目松本幸四郎が最後に『勧進帳』をやりましたとき、本当にうれしそうに六方を踏んで花道を引っ込んでいきました。観ているこちらも心から『おめでとう』と声を掛けたくなりました。それは幸四郎というひとの人柄が芸にあらわれていたからでしょう。やはり『芸はひとなり』といいますから」

なるほど。『勧進帳』の見どころを、またひとつ教えていただきました。これからも歌舞伎座に通って、当代の名優たちの人柄があらわれた芸を堪能したいと思います。

一　歌舞伎・能・文楽

歌舞伎の「隈取」

坂東三津之助

歌舞伎役者

ばんどう・みつのすけ

［一九六二―二〇一三］

歌舞伎役者／東京生まれ。一九七二年九代目坂東三津五郎に入門、翌年坂東みの虫の名で初舞台。二〇〇一年坂東三津之助と改名。切れのよい立ち回りが人気の、立役の脇役として幅広い役柄を演じる。国立劇場養成科の講師として後進の指導もおこなった。

歌舞伎を観るとき、演目のストーリーがよくわからなくても、白塗りの役者が出てくれば善人の二枚目、肌色ならば実直な人物、赤塗りならば敵役《かたきやく》の悪人と、役者の化粧や鬘《かつら》で役柄や性格、その場面で演じる感情などを知ることができます。しかし、「隈取《くまどり》」の舞台化粧となりますと、さあ、素人にはわかりません。

そこで歌舞伎コメンテーターの鈴木治彦さんに解説と聞き手をお願いして、坂東三津五郎一門・大和屋の歌舞伎役者・坂東三津之助丈《じょう》にお話をうかがうことになりました。

隈取とは、おもに「荒事《あらごと》」の主人公や悪役に用いられる化粧法です。江戸は元禄時代に、初代市川團十郎《だんじゅうろう》によって創始された「荒事」は、荒々しく豪快な演技が見どころで、登場する主人公たちは隈取や誇張された派手な衣裳を身につけ、見得《みえ》や六方といった独特の様式をもつ演技を披露します。

この独特な隈取も、初代市川團十郎が創案したといわれています。もともとは顔の血管や筋を強調するために描かれたもので、その色や形に登場人物の役割や感情表現が込められているのだそうです。

隈取には何種類かあり、「紅隈」は荒事の基本である正義、勇気、力、そして若さを象徴する陽性のもので、『車引《くるまひき》』の梅王丸がその代表です。いっぽう「青隈」はスケールの大きな大悪党などの敵役。「茶隈」は鬼や妖怪など、人間以外の不気味な役に使われ、陰性のキャラクターを表現しています。

隈取は、芝居の世界では「描く」のではなく「取る」といわれます。また、入れた筋は指でぼかして仕上げるそうです。

お話を伺ったあと、早速お客さまにモデルになっていただき、三津之助さんに隈取をしていただきました。講義だけでなく、実際に江戸文化を体験するのも「江戸文化道場」の面白いところ。「面長の顔の方がいいですね」と三津之助さん。手を挙げたお客さまは丸顔でしたが、「はい、よろしゅうございます」と、みごとに丸顔の助六ができあがりました。

続いては、『義経三本桜』の狐忠信。モデルは私、六代目越後屋助七が務めまして、隈取をしていただきました。白粉《おしろい》のノリをよくするために鬢付《びんつけ》油を顔全体に塗ってから、刷毛で白粉を塗ります。そして最後に紅で隈取を描いていきます。

できあがった顔を見て、我ながらの変身に嬉しくなって見得を切るまねをしたところ、客席から「六代目！」と大向こうが掛かり、歌舞伎役者になった気分でした。

歌舞伎役者さんは芝居が終わったあと、この隈取りを「押隈《おしくま》」といって布や紙に版画のように写しとり、公演日と演目、役者の名前を入れて、ご贔屓筋に配るというのも歌舞伎の世界では恒例のようです。私も押隈を取っていただき、いい記念となりました。

将軍と能楽

坂　真太郎
観世流能楽師

ばん・しんたろう
［一九七二―］
観世流能楽師／東京藝術大学音楽学部邦楽科能楽専攻卒。三世観世喜之師、父・坂真次郎に師事。二歳のときに仕舞「老松」にて初舞台。落語、オペラ、現代音楽などとのコラボレーション作品を発表。海外公演にも多数参加。

毎年、浅草寺の境内でおこなわれる幽玄な薪能。夜の静寂《しじま》のなか、台東薪能では木遣りで焚き火の火が運ばれてくるのが、下町の風情たっぷりで人気となっています。能楽師・坂さんによりますと、幕末の頃、浅草にも能舞台があったそうです。

「慶応元年（一八六五）、初世梅若実《うめわかみのる》が厩橋の自宅に小さな能舞台を建てまして、明治維新の混乱期、観世家宗家が徳川慶喜《よしのぶ》公に従って静岡に移ったのちも、そこを拠点にして能楽を守っていたそうです。残念なことに、東京大空襲で焼け落ちてしまい、いまはありませんが、当時は舟で隅田川を行き交うとき、能が楽しめたんですよ」

まずは能楽の歴史から。能楽は室町時代より現在に至るまで六〇〇年以上にわたって受け継がれてきた世界最古の舞台芸術です。古代ギリシヤの仮面劇がシルクロードを通って中国の芸能と混ざり合い、日本に渡来。散学《さんがく》となり、日本古来の芸能とドッキングして田楽《でんがく》、猿楽《さるがく》となりました。

室町時代に登場した猿楽役者の観阿弥《かんあみ》、世阿弥《ぜあみ》親子の活躍によって、猿楽は三代将軍・足利義満に認められる芸能となりました。当時流行していた曲舞《くせまい》のリズム、小唄のメロディの面白さを付け加え、さらに田楽も取り入れて、今日のような能に大成していきました。

戦国時代には、武士の教養として織田信長、豊臣秀吉、そして徳川家康などの諸大名に保護されます。とくに秀吉は能が好きで、自らの武勇伝を演じたという逸話も残っています。

江戸時代になると、二代将軍・徳川秀忠が能を江戸幕府の式楽に定めました。このように幕府の保護を受けて発展していた能楽も、幕府崩壊とともに危機的な状況になります。しかし、岩倉《いわくら》具視《ともみ》により、日本の代表的な芸術、芸能として推挙されます。この頃から猿楽の能が「能楽」と呼ばれるようになりました。平成一三年（二〇〇一）、能楽は世界無形遺産に認定されます。

実際に江戸の能楽とは、どのようなものだったのでしょうか。幕府の公式行事として手篤く保護されるようになった能楽は、将軍宣下祝賀能、勅使饗応能など、格調ある儀式に登場しました。

ことに五代将軍・徳川綱吉は「能狂い」といわれるほどで、三日間の将軍宣下祝賀能を四日間にして、宝生流を贔屓にしました。ゆえに加賀藩前田家はお家を守るために、お抱えの能楽師を金春から宝生に替えたほどでした。

江戸時代における能の歴史についてうかがったあとは、能楽面の説明です。能のお面は、シテ方という主役を演じる役者が用います。それは、この世の存在ではない霊、神、精などを演じるためです。また、さまざまな年齢層にわたる女性に変身するためにも能面をつけます。

最後は、参加された皆さんが坂さんのご指導で謡曲「紅葉狩」を謡ってみることになりました。

「河の流れを汲む酒を――」

声を上げたり、ひねったりと、なかなか難しかったのですが、謡い終えたあとの気持ちのよさも格別でした。

六〇〇年の伝統芸能に触れて、大満足の一夜でした。

文楽体験

吉田幸助　文楽人形主遣《おもづか》い
高木秀樹　イヤホンガイド解説員

よしだ・こうすけ　［一九六六―］
大阪生まれ。祖父は三代目吉田玉助。一四歳で父・二代目吉田玉幸に入門。一九八一年朝日座で初舞台。二〇一八年五代目吉田玉助を襲名。

たかぎ・ひでき　［一九六三―］
東京生まれ。一九九〇年九月国立劇場文楽公演「奥州安達原」の初解説でデビュー。主な著書に『文楽手帖』（角川ソフィア文庫）など。

一般に人形劇といいますと、人形を操るひとの姿は観客には見せないようにいろいろ工夫が凝らされているものですが、文楽のように堂々と人形遣いが舞台に登場して演じるというのは高度な技術が要求される究極の舞台芸術なのではないでしょうか。

そんな奥深い文楽の世界を解説していただこうと、まずは文楽イヤホンガイドでお馴染みの高木秀樹さんにご登場いただき、お話をうかがいました。

文楽は江戸時代には「人形浄瑠璃」と呼ばれており、これは義太夫節という浄瑠璃音楽がついた人形芝居という意味だそうです。太夫が語り、三味線が弾き、人形遣いが人形を動かす。この三つの技がせめぎ合いながら、ひとつになる文楽の世界。そこがなによりも文楽の醍醐味であり、魅力なのです。

明治の終わり頃になると、それまで「人形浄瑠璃」と呼ばれていたのが、人形劇を上演していた劇場名の「文楽座」から「文楽」という正式名称になりました。

竹本義太夫が活躍していた頃は一人遣いでしたが、享保一九年（一七三四）に三人遣いがはじまると人形も大きくなって、現在のような形態ができあがります。

人形の手足、首《かしら》はどう動くのかという仕組み、髷《まげ》の毛には人毛が使われていて、ボリュームを出す場合はヤクの尻尾の毛を利用することなど、はじめて見聞きするお話ばかりでした。

文楽の世界は実力主義であることなどもお聞きしたのち、いよいよ文楽鑑賞となりました。

実際に人形を操ってくださるのは、主遣い・吉田幸助さん、左遣い・吉田玉勢さん、足遣い・吉田玉誉さんです。主遣いが左手で首と胴串を握って人形を支え、右手で人形の右手を操作、左遣いは人形の左手を、足遣いは両手で人形の両足を操ります。三人の気持ちと呼吸がぴったり合わないと、人形に命が吹きこまれたような生き生きとした動きにはなりません。

「足一〇年、左一〇年」といわれるように、まず足遣いの修業が一〇年、さらに左遣いを一〇年修業して、ようやく主遣いになるそうです。人形遣いには長い修練が必要なのですね。

今回操っていただいたのは、『艶姿女舞衣《あですがたおんなまいぎぬ》　酒屋の段』。お園の人形の背丈が一メートル四〇センチ。喜怒哀楽の表情を首、肩、肘を使って操作したあと、「さあ今ごろ半七さんは……」というお園のくどきを演じていただきました。

人形遣いの三人が人形と一体となって操り、動く姿は本当に生きているように見えるのですから驚きであり感動です。そして義太夫、三味線の呼吸もぴったり合って、さらに迫力たっぷりに名場面を盛り上げます。

究極の人形芸術、日本が世界に誇ることができる舞台芸術を間近に堪能できた素晴らしい江戸文化道場でした。

二　大相撲

櫓太鼓

米吉

呼出し

よねきち

［一九三七―］

大相撲の呼出／東京・板橋生まれ。本名：安藤米二。所属は出羽海部屋を経て春日野部屋。一九四七年六月初土俵。入門以来、呼び上げを専門とし、一九九九年九月場所で三代目立呼出となる。美声と粋なことで大相撲ファンから愛された。

私が子どもの頃の贔屓の力士は、姿かたちも美しかった北海道出身の第四三代横綱・吉葉山。吉葉山関とは、不思議なご縁がありました。ある雪が降る正月のこと、父のお供で年始のご挨拶に行くために駒形橋の上でタクシーを待っていたのですが、あいにくの天気でタクシーがなかなかつかまりません。やっと止まったタクシーでしたが、お隣で待っていたご婦人に「どうぞ」と譲ったんですね。名前を聞かれたので告げたところ、後日、わざわざお礼にいらしたのが、なんと吉葉山の奥さまでした。当時はまだ関脇だったと思いますが、そこから家族ぐるみのお付き合いがはじまりました。

とにかく家中で吉葉山の贔屓ですから、テレビで相撲中継を見ていても、吉葉山の取り組みのときは最後のしきりになると、負けると嫌だから「消そう、消そう」ってテレビを消すんです。そして勝負がついたなと思う頃に再びつけると「あっ、まだやってる」と慌てて消したりしていました。そんな具合ですから、勝つと家中で大喜びしたものです。

さて、粋な着物姿でご登場の呼出し・米吉さん。一〇歳で入門なさって、いまは副立呼出しです（当時）。皆さんテレビで、呼出しさんが土俵の上で力士の呼び上げをするのを見ていらっしゃると思いますが、仕事はそれだけではありません。

場所がはじまる前に土俵を築いたり、土俵入りや、翌日の幕内番組を知らせる顔触れ言上《ごんじょう》に柝《き》を入れたり、制限時間を力士に告げたりと、役目はさまざま多くて、まさに大相撲の縁の下の力もちです。もちろん、触れ太鼓や櫓《やぐら》太鼓を打つのも大事な仕事。

触れ太鼓といえば、蔵前に国技館があった昭和五九年（一九八四）までは、東京場所がはじまる前日になると、呼出さんが太鼓を打ち鳴らしながら町内をまわって、初日の番付を配っていたものでした。

昔から、正月、五月、九月の「しょうごくがつ」は江戸で相撲があると、いわれてきました。成田山のお詣り月も「正・五・九月のしょうごくがつ」であったため、それにあわせていると父がいっておりました。

櫓太鼓には四種類あり、まず早朝に打つのが「寄せ太鼓」。昔は夜中の二時か三時頃に打ったそうです。寒い時期などは大変で、指が真っ赤に熱くなって、気がつくと血が流れていたこともあったとか。現在は、騒音防止条例により、朝の八時から八時半の間に打つそうです。

そして取的《とりてき》さんが場所入りする頃に打つ「一番太鼓」。関取衆が場所入りするときの「二番太鼓」。打ち出しと同時に打つ「はね太鼓」は、テンテンバラバラテンテンテンバラバラデロ！ お客さまに速やかにご機嫌よくお帰りいただき、明日もお越しくださいという意味を込めて打ちます。ですから、千秋楽や一日だけの興行では打たないそうです。

十両格行事の木村善之輔さんの解説も交えて、米吉さんのお話のあと、早速に「五丈三尺櫓の上で〜〜」とはいきませんが、特設した舞台の上で、櫓太鼓をご披露いただきました。

軽快に、リズミカルに、力強く。米吉さんのみごとな撥さばきに会場は、やんややんやの喝采で大賑わい。

会場のお客さまからも活発な質問が出て、大相撲が身近に思えたひとときでした。

二　大相撲

相撲甚句

福田永昌

日本相撲甚句会会長

ふくだ・のりまさ
［一九三〇—二〇一二］
元大相撲三役格呼出し永男／東京・向島生まれ。二所ノ関部屋の呼出しとして四九年間日本相撲協会に在籍後、一九九五年日本相撲甚句会を設立。大相撲継承や福祉活動に従事。著書に「呼出し永男」の筆名で『相撲甚句有情』（ベースボールマガジン社）がある。

蔵前に国技館があった頃は「駒形どぜう」にもお相撲さんがよくお見えになっていました。ご贔屓といらしてどぜう鍋を食べた翌日、白星を挙げたりしますと「験《げん》を担ぐ」といって、数日続けていらっしゃる関取もいました。身長が二メートルを越す大内山というものすごく大きな関取がいらして、どぜう鍋をたくさん召し上がっていたのも覚えています。

今回の江戸文化道場は相撲甚句。そもそも甚句の起源をたどると、元禄時代にはやった「甚九郎節」から派生したもの、「地ン句」となまったもの、神に捧げるうた「神供」のあて字など、諸説あるようですが定説はないそうです。

日本では、稲刈りや木を伐採するとき、そして盆踊りや酒宴の席などで、七五調の甚句の形式を備えた民謡が歌われてきましたが、広い意味でこれも甚句の一種です。

相撲甚句は、幕末から明治にかけて粋筋の花柳界で流行した「本調子甚句」、「二上がり甚句」を関取衆がお座敷で覚えて巡業で歌ってみたところ、評判となり現在のような形式になったそうです。

昔は甚句そのものを聞かせるというよりも、土俵の上で攻める型、守る型といった「相撲四八手」を披露しながら甚句を歌っていましたが、いまはこの形はおこなわれていないそうです。

「お客さん、相撲甚句はね、『あー』と『エー』が一番むずかしいんですよ。最初に、『あードスコイ』の練習をしてみましょう」

と、福田永昌さん。

「あードスコイ、ドスコイ、あー〜あー〜あー〜エ、あードスコイ、ドスコイ」

なるほど、これはむずかしいと思いながらも、みなさますっかり力士の気分になって、相撲甚句を歌いはじめた江戸文化道場。

ゲストの福田永昌さんは、相撲好きの方なら元三役格呼出しの永男《のりお》だとおわかりのはず。呼出しの定員は三八名で、ランクがあります。永男さんの現役当時、一番が寛吉、二番が賢市、三番が善三郎、そして四番が永男さん。

永男さんは昭和三八年（一九六三）、第四五代横綱・若乃花関の引退相撲の際に、「若乃花一代記」と題する「風雪一〇年土俵の上でよ〜」ではじまる甚句を作られたのをきっかけに、甚句の作詞で名を知られるようになります。数々のお相撲さんの甚句や、巡業先の郷土とゆかりの相撲取りを盛り込んだ名所甚句などを手掛けるようになりました。

平成七年（一九九五）三月に引退されてからは、その声のよさと太鼓の上手さを相撲甚句にいかして活躍されています。

「相撲甚句はね、巡業や花相撲の余興として享保年間（一七一六〜三六）から歌われているんです。前唄、後唄からはじまり、『花尽くし』『山尽くし』などを歌い、最後に『ご挨拶』を歌って締めくくるんです」

元高砂部屋幕下力士の大勇さんが哀歓こめて『江戸の花』を歌いあげ、続いて日本相撲甚句会の高橋実子さんが『花尽くし』。最後に永男さんが作詞した『新生ニッポン』を歌って締めくくられました。

美しい声にのせた甚句が会場中に響き、しみじみとしたいい一夜でした。

三　本日も大入り「駒形寄席」

私の父、五代目越後屋助七・渡辺繁三は落語が大好きで、「寄席へ行け。落語を聞けば人生のいろんなことがわかるから」と常日頃から私に申しておりました。

いまでも江戸の香りただよう寄席に身を置いて、粋で巧みな噺家さんたちの話芸で腹の底から笑ったり、太神楽《だいかぐら》の曲芸に息を呑んだりする時間は、慌ただしい毎日のなかでこころが和みます。肩の力を抜いて「アハハ」と笑うことで、「また明日、頑張ろう」という活力も湧くというもの。

そんな寄席の気分を愉しんでいただこうと、江戸文化道場では噺家さん、講釈師さん、そして色物の芸人さんたちをお呼びして「駒形寄席」を開いております。

神社の境内や盛り場の大道《だいどう》で人気を集めていた芸能が、専門の寄席小屋で演じられるようになったのは、江戸時代半ばのこと。そして大衆の娯楽として寄席の数は増えていき、江戸末期には今日までつづいている落語の流派はほぼ出そろっていたそうです。

寄席では、落語のほかに「色物」と呼ばれる漫才や太神楽、紙切り、奇術などが登場します。

寄席の看板やポスターは噺家と講釈師の名前は黒字で、そのほかの芸人は朱色で書くという伝統があり、そこから「色物」と呼ばれるようになったそうです。

駒形寄席では、その季節にあった噺や講談を中心にして、賑やかで愉しい彩りの芸として色物に登場していただいています。その一部をご紹介しましょう。

落語で聞く江戸の世界 1

柳家小八（後の喜多八）「お見立て」
三遊亭圓彌「代り目」

まずは柳家小八さんの登場。

「江戸文化道場のお客さまは文化人の方、資産家の方、美人の方……、二、三、規則違反のかたもいらっしゃるようですが」

芸歴一五年となる小八さん、「アッハハハ」と笑いでお客さまを和ませて本題に入ります。その夜の衣装は紫色の着物に黒の羽織、演目は「お見立て」。

栃木の在の杢兵衛大尽は、花魁《おいらん》・喜世川に首ったけ。惚れて通いつめます。ところが、花魁は大嫌い。あまりのしつこさに、若い衆の喜助に「病気で死んでしまったということにして、帰しておくれ」

するとも杢兵衛さん「墓参りをするべえ」といいだし、喜助は杢兵衛連れまわし適当なお寺に。

「どれが、喜世川の墓だ」

「どうぞ、よろしいのをお見立て願います」

おあとの高座は、三遊亭圓彌師匠。酒の徳など枕にふって本題に（ご参考までに、酒呑みの形態が実にリアルですが、師匠はお酒を一滴も飲みません）。お馴染み「代り目」。

酔って帰ってきた亭主が、もう一杯飲むという。

「酒の肴がなにかあるだろう。どうした『駒形どぜう』のどぜう佃煮は」

「私がみんないただきました」

「俺が大事に食おうとしたのに……」

噺のなかに何気なく「駒形どぜう」の宣伝を入れてくださる。ありがたいことです。それにしても、圓彌師匠の女性は色気がたまらないとは、会場のお客さまの声。

当夜は二月三日の節分。終演後は手拭いを福豆と一緒に「福は内、福は内」とまかせていただきました。拾われた方は「ほんに今夜は節分か……、こいつあ春から縁起がいいわい」

落語で聞く江戸の世界　2

柳家小たけ「垂乳根《たらちね》」
柳家小里ん「睨みかえし」

師走の五日におこなわれました落語会。リストラも不景気も笑いで吹き飛ばしていただこうと落語二題。

まずは、柳家小たけさんの「垂乳根」。

「ああら我が君、もはや日も東天にありませば、御目になってうがい手水《ちょうず》をあそばさし上、神前仏前に御燈火を捧げられ、御飯召し上がって然るべう存じ奉る恐惶謹言」

「なんだい、飯を食うのが恐惶謹言なら、酒を飲んだら酔ってくだんの如しか」

小たけさん、落語の新婚さんのように若々しく演じてくださいました。

次は「待ってました！」と、柳家小里ん師匠の登場。演目は師走にちなみ「睨みかえし」。

借金取りを睨んで追い返してしまうという落語です。近眼の小里ん師匠、眼鏡を外すと可愛らしい目になるので、果たして睨みに威力があるのかと思っておりましたが、さすが芸の力はたいしたもんです。眼光鋭く、いやはや本当に怖くて退散したくなるほど、おそれいりました。

小里ん師匠、高校時代は体操競技のマット（タンブリング）でインターハイ優勝という特技がおありです。その特技を活かさんと、もっか風俗嬢とマット運動にお励みとか（そうなんです、師匠は風俗評論家）。

「師匠、そんなに遊びをしてたら、借金ができますでしょ?」

「ウン、そんときは睨みかえす」

落語と講談で知る江戸

落語：桂 文華「高津の富」
講談：宝井琴柳「徂徠豆腐の由来」

「高津の富」という噺は、明治中期、三代目柳家小さんが大阪の桂文吾から教わり、東京にもち帰って「宿屋の富」と演題を変えて高座にかけたもの。志ん生師匠、現小さん師匠（五代目）が得意として演じられています。

上方落語が江戸へ、江戸噺が上方へ、こういう交流も現在は盛んにおこなわれているそうです。

「本日のおん富ィ一ばァん。子の一三六五番」

宿屋の客が「当たりっこねぇよ、こういうのは金のある奴に当たるもんだからな。何番だ、俺のは」懐から富札を取り出して眺め、番号を何回も見比べ「当たった！ あ・あ・た・っつ・た」

顔を紅潮させ、ガタガタ震え出す。いやはや文華師匠の大熱演。景気の悪かった一年間でしたので、おもわず拍手喝采。

つづいて宝井琴柳さんの「徂徠豆腐の由来」。

「江戸中期の儒学者、荻生徂徠が世に出る前の苦労話ですが……」

豆腐屋「上総屋」七兵衛の援助によって出生した徂徠。「上総屋」の類焼を聞き、焼け跡に立派な家を新築して「七兵衛殿、豆腐の代として納めていただきたい」

「ひ、冷や奴の先生、あ、ありがとうございます。おい、おっかあ、お前も礼をいえよ」

「いいたいんだけど、胸がいっぱいで。でもねぇ、おまえさん、あんとき豆腐とおからなんか差し上げずに、生揚げかがんもどきをあげてたら、きっと鉄筋一五階建ての……」

お客さまを泣かせたり、笑わせたり、琴柳さんの自在の話術をたっぷり聞かせていただきました。

女流講釈師と女流噺家の競演

講談：一龍斎春水「秩父女義民伝」
落語：古今亭菊千代「厩火事」

まずは一龍斎春水による「秩父女義民伝」という新作講談。秩父の百姓衆を助けたい一心から、亭主に「去り状を書いてくださいませ。江戸に出て老中に直訴いたします」

大熱演にやんやの拍手でした。

つづいての登場は古今亭菊千代さん。東京デザイナー学院から広告代理店に入社、オフィスガールから「ええー、毎度ばかばかしい……」の噺家に変身したという。思い切りがよくて、頑張り屋。平成五年（一九九三）三月、三遊亭歌る多さんと女流初の真打ちになりました。演じるのは「厩火事」。

麹町のさる殿様が大事にしていた青磁の器を、奥方が壊してしまいました。

「皿は大丈夫か、皿は皿は……、四八回いったそうです」

器と人間とどっちが大事なのか。その話を聞いたお崎さん、旦那の気持ちを試そうと、大事にしている瀬戸物をわざと壊します。

「体は怪我ァねえか」の優しい言葉に、

「おまえさん、あたしの体がそんなに大事かい」

「なあに、おまえが怪我をすれば、俺がやすんでいられねえ」

女性のパワーと華やかさと、艶やかさを堪能していただきました。

江戸庶民の金銭感覚を学ぶ

落語：柳家さん八「時蕎麦」
講談：小金井芦州「五貫裁き」

「蕎麦の値段は一六文、蕎麦粉八分、つなぎのうどん粉二分、つまり二掛ける八で一六文。蕎麦、豆腐、風呂代がだいたい同じ値段でした。つまり、八つあん、熊さんは五〇〇円くらいの小銭で銭湯に入ったり、蕎麦を食べたりするのが何よりの愉しみだったのでしょうな」

ここからお馴染みの「時蕎麦」へ。

「いくらだい？」

「一六文いただきます」

「ひとつ、ふたつ、みっつ、よっつ、いつつ、むっつ、ななつ、やっつ、いま何刻だい？」

「へえ、ここのつで」

「一〇、一一……」

さて、続いての高座は小金井芦州先生の「五貫裁き」。

八五郎が徳力屋の主人に暴力をふるったことから、大岡越前守に五貫文の科料金をいい渡されます。

「その日稼ぎのそのほうには、全額を納められまい。一日一文の日掛けをあい許す。これ徳力屋、八五郎より一文を受けとり、奉行所に持参をいたせ」

「あいわかりましてございます」

ところが、一文受けとるたびごとに、半紙に領収書を書くと、一枚の紙の値段が三文、奉行所に持参するのに、家主、五人組同道ですから、日当代、弁当代が莫大、しかも五貫文全部納める日数が、一年で三六五文、一〇年でやっと三貫六五〇文、いやはやこれは大変と、徳力屋が示談を申し込んだとき、

「金持ちは金のありがたみは知っているが、人情、人の情けの尊さを知らない。ゆえに大岡様がこういうお裁きをしてくれたんだ」

カネ・モノの世の中、溜飲のさがる名調子でした。

金原亭小駒「持参金」
蝶花楼馬楽「おせつ徳三郎」

落語で聞く江戸の女

落語に登場してくる女性は、例えば亭主を尻の下に敷く勝ち気な長屋のかみさん、若旦那を吉原から帰さない花魁、藪入りで帰ってくる子どもを涙で迎えるおっかあ、お祝いの口上を教えるしっかり者の女房、奉公人と愛を確かめ合う大店のお嬢さま、男を手玉に取る女などなど、強く明るく、前向きでプラス志向の女が多かったようです。

武家の都江戸は将軍さまのお膝元という環境が女性たちのプライドを高くして、おまけに日本全国から城づくり、町づくりのために男が集まってきたゆえの男社会に生きることで、強く明るくした。「火事と喧嘩は江戸の華」から「宵越しの銭はもたない」という気っ風の性格をつくりあげ、五月の鯉の吹き流しのような、腹になんにもない、いいたいことをポンポンいってしまう明るい江戸の女が誕生したのでしょうね。

小駒さんの「持参金」。馬楽師匠の「おせつ徳三郎」は、おせつと徳三郎が向島で遊ぶ場面を面白楽しく演じてくださり、笑いと江戸の女を満喫しました。

噺家の余興・住吉踊り

三遊亭圓彌、金原亭馬生ほか

夏恒例、会場を「アサヒスーパードライホール」に移しての江戸文化道場の演し物は、大喜利「住吉踊り」です。

住吉踊りは摂津一之宮である住吉神社を日本全国に広めるために派遣された人たちが各地で勧進するための人集めで踊ったのがはじまりだそうです。とりわけ江戸でうけたために大道芸に発展し、しまいには寄席の高座に上がるようになったといいます。

浅草唯一の落語定席「浅草演芸ホール」では、毎年八月一一日から二〇日まで、昼の部の大喜利で「住吉踊り」を上演します。これは昭和五三年（一九七八）に、八代目雷門助六師匠が継承していた伝統芸の「住吉踊り」を三代目古今亭志ん朝師匠が興行として復活させてから続いており、浅草演芸ホールの夏の風物詩として人気です。

今回は三遊亭圓彌師匠を筆頭に、金原亭馬生、三遊亭吉窓、三遊亭圓王、そしてマジックの松旭斎美智嬢の五名が登場。

そろいの浴衣に「たすき掛け」姿。踊りは噺家さんの必修科目だそうですが、なかには上手な方やそれなりの方がいるようです。今回の精鋭五名は、ユーモアあり、キッチリ決めるところは決めての満場大拍手でした。

三　本日も大入り「駒形寄席」

寄席文字の世界

橘 右近

噺家、橘流寄席文字家元

たちばな・うこん
［一九〇三―一九九五］
橘流寄席文字家元／東京・芝生まれ。柳家さくら（後の三代目柳家つばめ）に弟子入りし、柳家龍馬で初高座。その後、噺家を廃業し神田立花演芸場楽屋主任兼寄席文字の書家となり、一九六五年橘流寄席文字家元となる。

お気に入りの「め組」の半纏を羽織ってご登場された橘右近師匠。寄席文字なら、師匠をおいてほかにはいないという方です。

江戸時代から、落語、歌舞伎、相撲、千社札の世界にはそれぞれ独特の書体があり、これを総称して「江戸文字四書体」といいます。落語は「寄席文字」、歌舞伎は「勘亭流」、相撲は「相撲字」、千社札は「江戸文字」。時を経つつ、熟練の達人たちによって練り上げられた文字には、それぞれの美学と筆法があります。

江戸時代、寄席のビラ字（いまふうにいえば寄席の宣伝ポスターの文字ですね）は、一流の寄席でも決まった書体で書くということはなくて、下足番や弟子たちが出演者の名前を書いていたそうです。

そこに登場するのが神田の紺屋職人、栄次郎。このひとは筆先が器用で法被《はっぴ》や手拭いの型字を書いていましたが、特長のある書体で書いてみようと歌舞伎の「勘亭流」と提灯屋の文字のあいだくらいの字を考えて書いてみたところ、大変評判となり専門のビラ書きとなりました。

寄席ビラで名を成した「びら辰」の初代川部辰三郎はこの流れをくみ、明治時代に数多くあった寄席のビラを書いていたそうです。

寄席ビラは、小屋の一里四方の銭湯や床屋などに貼られて、その大きさは三尺四方くらい。「天紅《てんべに》」といって、紙の上部を赤、下部は緑、文字は黒と決まっていて、木版の三度刷りで作られていたそうです。

各町に一軒はあった寄席もその数が少なくなると、江戸時代からの専門の職人もいなくなってしまいます。それを惜しんで、橘右近師匠は噺家時代から寄席にまつわる物を収集されてきましたが、なかでも魅せられたのが「ビラ辰」の文字。どうしても習いたいと思い、二代目「ビラ辰」の門を叩きました。ところが弟子入りを断られ、「そんなに習いたいなら目で盗め」といわれ、通いつめて見よう見真似でその字体を学び、苦心の末にご自分の字体を作り上げるまでになりました。

昔の芸人さんや職人さんは「俺の腕を盗め」とか「俺の芸を盗め」というだけで、実際にはなにも教えてはくれませんでした。本人のやる気があればこその言葉ですが、親方の技を盗めるようになるためには、自分自身も腕を磨かなければなりません。

十いくつのときからビラ書きをはじめて、橘流寄席文字家元にまでなった右近師匠。ビラ辰のところに通い詰めて学び、ご自分の字体を作り上げるまでの苦心談を面白おかしく話してくださいました。やはり、明治生まれの方の気骨はご立派だと感心しきりです。

寄席文字は、短めの筆に墨をたっぷりつけて、文字の一画一画を黒々と太く詰めて書きます。そして文字は必ず右肩あがり。これは、寄席にお客さまがぎっしり入り、どんどんご来場いただいて「大入り満員」となるようにという縁起のいい文字なのです。

実演もしていただき、お客さまのご希望された文字を色紙に一字ずつ精魂込めて書いてくださいました。

江戸の文化を守りつつ、つねに現代にあった書体に変えていく努力も忘れない右近師匠に感服した一夜でした。

三　本日も大入り「駒形寄席」

恒例・駒形酉の市

江戸文化道場、暮れのお愉しみは歌舞伎でお馴染みの「忠臣蔵」、講談で申しますと「赤穂義士伝」。この世界を堪能していただくのが吉例でございます。

そして、講談を聞いたあとは熊手師・松下薫さんの登場により、熊手の競りがはじまります。会場には、宝船、松扇、笊などなど、いろいろな縁起物で飾られた熊手が並びます。

「熊手につけるものは、大判、小判、福おかめ、七福神、鶴亀、松竹梅、大福帳、芽出度いというところから魚の鯛、それから巾着、これは入ったお金が逃げないようにキュッと締めます。金の鯱は家持ち、城持ちになれるよう……」

と、松下さんのお話を聞いているだけで、福が舞い込みそうです。

恒例の競りで熊手に値がつくや、

「ありがとうございます。それでは、お客さまの商売繁盛、家内安全、交通安全を祈願しまして、ヨオー、シャシャシャシャン　シャシャシャシャン　シャシャシャシャンシャン」

景気のいい手締めの音が、会場一杯にあふれます。

集まったお金は全額、台東区の歳末助け合い運動への募金として持参しています。その累計は、令和元年か二年には一〇〇〇万円となります。

さてここでは、いくつかの年におこなわれ盛り上がった演目と会場の様子をご紹介しましょう。

リレー講談「忠臣蔵」

一龍斎貞山、一龍斎貞心、宝井琴梅

一二月にふさわしく「リレー講談・忠臣蔵」と題して講談三席をお愉しみいただく趣向。「仮名手本忠臣蔵」という狂言は、演じれば必ず大当たりする（＝よく効く）ところから、「芝居の毒参湯《どくじんとう》」といわれています。これは講談の世界でも大事なドル箱となっているそうで、寄席はギッシリ満員の大盛況となるほど。

まず一龍斎貞山さんが『神崎与五郎仮名書わび証文』の一席。貞山さんは、怪談と赤穂義士伝を得意とした七代目一龍斎貞山先生のご子息で、いわば講談界のサラブレッド。立て板に水、ウットリする名調子で語ってくださいました。

次に登場は一龍斎貞心さん、『赤垣源蔵徳利の別れ』です。本題に入る前の枕が「お客さま、今日は雨降りでしたが、やっとあがったようです。実は泉岳寺に引き揚げるときも雨だったそうです。これ、雪でないと困りますよね。だって雨だとビシャビシャで絵にならないでしょう」兄の塩山伊左衛門が留守のため、ひとり別れの酒を飲み、めでたく仇討ち本懐をとげる話に、目頭を熱くしたお客さまも大勢いらっしゃいました。

さてしんがりは宝井琴梅さんの『五段目山崎街道』。歌舞伎役者・初代中村仲蔵が苦心して、五段目斧定九郎役を作り上げるという裏話です。

熱演名演に酔いしれていただいたあとは、恒例「駒形酉の市」で一年を締めくくりました。

講談・赤穂義士三〇〇年

宝井琴調、宝井琴柳

平成一四年（二〇〇二）は、赤穂浪士討入り三〇〇年という記念の年でもあり、特別な会となりました。まずは宝井琴調さんによる「赤垣源蔵徳利の別れ」。

討ち入りを前に、赤垣源蔵は兄、塩山伊左衛門のところに別れを告げにきたところ、生憎の不在。仕方なく、兄の衣類に向かって「兄上、お別れの盃でござる。まず一献」と、ひとりで盃をとったりやったり、飲み残した酒を「兄上に」と伝言をして討ち入りに。仇討ち本懐をとげた後、この徳利が有名になり、塩山の主家・脇坂家の宝物になったという。

「徳利の口よりそれといわねども昔を聞けば涙こぼるる」

琴調さんの名調子でございました。

そして、宝井琴柳さんの「安兵衛道場破り」。

念流の達人、越後新発田《えちごしばた》の浪人、中山安兵衛、おじ菅野六郎右衛門を頼って江戸へ、やることがないので、酒を飲んではフラフラしているので「飲んべえ安」、喧嘩の仲裁をしては酒を奢らせるので「喧嘩安」、葬式についてゆき酒を馳走になるので「弔い安」、赤鞘《あかさや》の大小を差しているので「赤鞘の安兵衛」、飲み代がほしさに安さん町道場に他流試合を……。面白楽しい安兵衛を読んでくださいました。

めでた尽くしで歳の〆

講談：田辺鶴女「男の花道」
落語：金原亭馬の助「かつぎや」「百面相」

女性講釈師の田辺鶴女さんによる「男の花道」。

半井源太郎という貧乏医者に眼病を治してもらった中村歌右エ門「このご恩は忘れません。先生よりお手紙をいただければ、どこへなりとも必ず馳せ参じます」

その恩人、半井より手紙「私に代わって踊ってもらいたい。でなければ土方という悪武士の前で腹を切らなければならない」

恩人のために歌右エ門が駆け付けるというお馴染みの話で、泣かせ笑わせ、お客さまを魅了した鶴女さんでした。

そして金原亭馬の助師匠による「かつぎや」。

縁起をかつぐ呉服屋の主人のところへ舟屋が宝船を売りにきます。

「いま奥からお顔をお出しになりましたのは？」

「私の娘だよ」

「お美しい方ですね、まるで弁天さまのようで」

「ありがたいねえ、これは娘の弁天賃だよ」

「どうもありがとう存じます。旦那のような、にこやかなところは恵比寿さまで、これでご当家は七福神」

「舟屋さん、ちょっと待ちなよ、娘が弁天、私が恵比寿、これじゃ二福じゃないか」

「いえ、ご商売が呉服（五福）屋さんでございます」

おめでたい落語のあとは、余興「百面相」。

「百面相は江戸の古い芸なんですが、最近やる人がいなくなった。むずかしすぎてじゃなくて、あまりにバカバカしくて」

まずは商売繁盛と、羽織を裏に着て大黒さま。座布団を鯛にして恵比寿さま、ビールの空き蓋を両目につけて達磨大師、花咲爺い、文福茶釜、いやはや楽しい。

こちらにも恵比寿大黒を出していただき、本当にめでた尽くしの高座でした。

第三章

江戸・東京お買い物帖――名所に名店あり

江戸の香りを訪ねて歩く

江戸から明治に創業し、
東京で三代、百年以上、同業で商売をしてきた店。
その集まりが「東都のれん会」です。
いまも江戸の味や技を守りつづける名店の近くには、
四季折々に賑わう名所があります。
東京の街にのこる江戸の香りを、ぶらりと訪ねてみませんか？

日本橋界隈

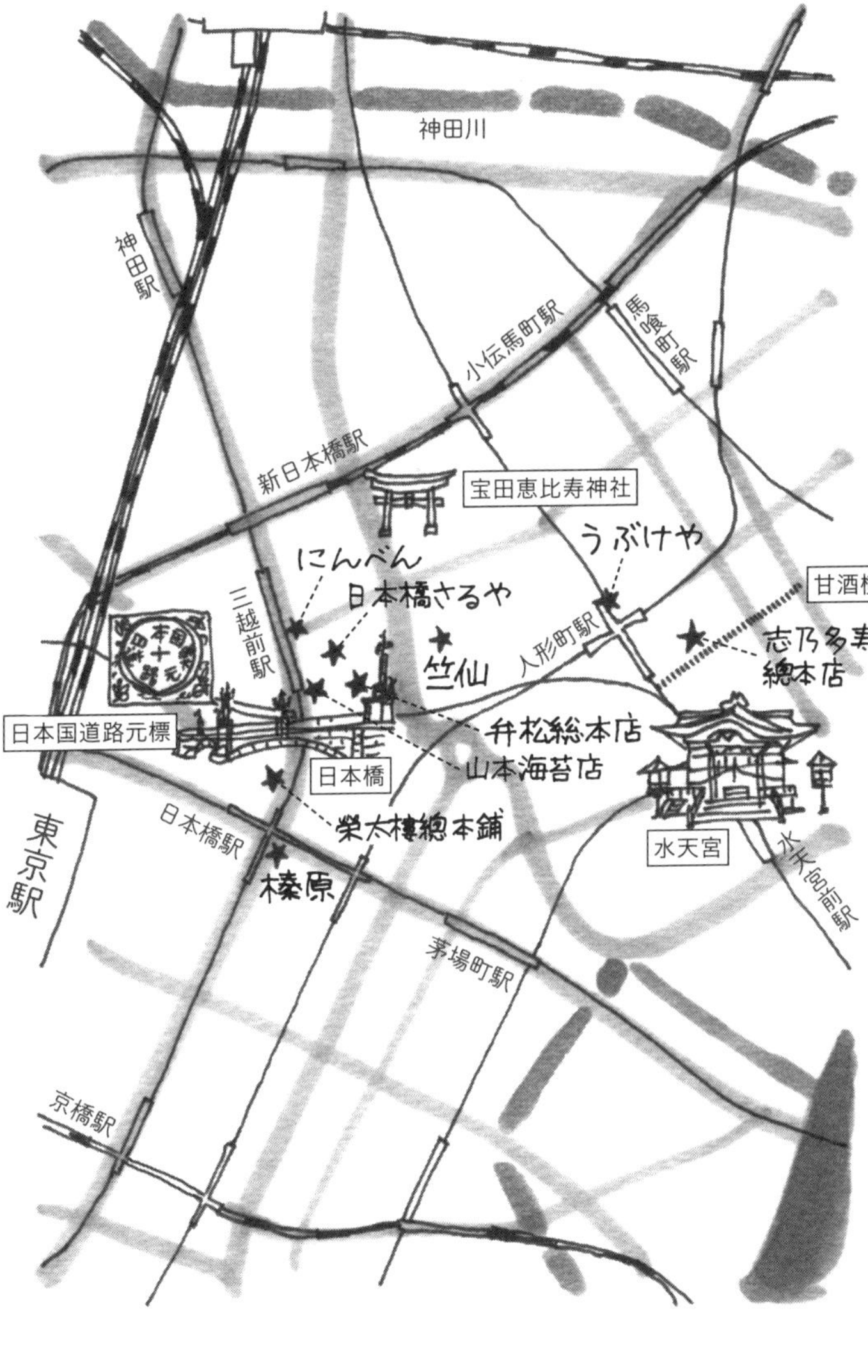
神田川
神田駅
小伝馬町駅
馬喰町駅
新日本橋駅
宝田恵比寿神社
うぶけや
にんべん
日本橋さるや
甘酒横丁
三越前駅
人形町駅
志乃多寿司
總本店
竺仙
日本国道路元標
弁松総本店
山本海苔店
日本橋
水天宮
日本橋駅
栄太楼總本舗
東京駅
榛原
水天宮前駅
茅場町駅
京橋駅

〈名所〉

日本橋

江戸城へ物資を運ぶために整備された日本橋川に、日本橋が架けられたのは、慶長八年（一六〇三）。橋の欄干には、幕府が管理する公儀橋であることを示す擬宝珠《ぎぼし》がつけられていました。明暦の振袖火事（一六五七年）や八百屋お七の火事（一六八二年）などで、たびたび焼失しましたが、その都度幕府の威信にかけて速やかに再建されたそうです。

現在の日本橋は、明治四四年（一九一一）に架けられたルネサンス風の石橋。関東大震災や東京大空襲でも焼け残り、当時の建築技術の素晴らしさをいまに伝えています。橋柱の銘板「日本橋」の文字は一五代将軍・徳川慶喜公の直筆です。

日本国道路元標

日本橋は五街道の起点です。五街道とは、東海道、中山道、日光街道、奥州街道、甲州街道。現在、日本橋の中央には「日本国道路元標」が埋め込まれています。

橋の北詰には「東京市道路元標」がある「元標の広場」が整備されていて、詳しい説明が書かれた案内板もあります。

水天宮

子宝祈願、そして安産祈願のお詣りにいくのが水天宮。水天宮は文政元年（一八一八）、九州久留米藩主の有馬頼徳《ありまよりのり》公が、三田赤羽の藩邸内に久留米水天宮を勧請したのが始まりだそうです。毎月五日は町民にも参拝が許されていて、当時から多くの人々に親しまれてきました。

日本橋七福神のうち、運慶作と伝えられる「弁財天」が祀られています。水天宮の弁財天は「中央辨財天」と呼ばれ、手には琵琶ではなく剣や矢を持つ勇ましい姿。これは人の弱い心をただす慈悲の姿だそうです。毎月五日と巳の日には御開帳されて、優しいお顔が拝観できます。

現在の日本橋蠣殻町に移ったのは、明治五年（一八七二）のこと。近年、立派な本殿が建立されました。

宝田恵比寿神社

もとは江戸城前にあった宝田村の鎮守様だったそうです。日本橋七福神のうち、運慶あるいは左甚五郎の作と伝えられている「恵比寿神」が祀られています。

毎年一〇月一九日、二〇日にこの神社で開かれるべったら市は、「べったり運がつく」と元禄時代から大勢のひとで賑わいました。べったら漬けの露店がたくさん並びますが、皮付きと皮なしでは食感も違いますし、お店によってそれぞれ持ち味があるのがいいですね。

甘酒横丁

人形町商店街通りから明治座のある清洲橋通りまでつづく並木道の両側が甘酒横丁です。明治の頃、現在の甘酒横丁入口あたりに「尾張屋」という甘酒屋さんがあって、その小路を「甘酒屋横丁」と呼んでいたのがはじまりだそうです。当時から、寄席や明治座帰りのお客さまが立ち寄り賑わっていました。

甘酒はもちろん、鯛焼き、お鮨、焼き鳥など、味も雰囲気もいい昔ながらのお店が並んでいます。

〈名店〉

生ぶ毛もよく切れる江戸刃物

うぶけや

天明三年（一七八三）創業の「うぶけや」さん。ビルが建ち並ぶ人形町のまちなかに、昭和のはじめに建てられた風情のいいお店があります。

お店の名前は、小物細工に長けた名人級の打物師だった初代の喜之助さんが、「生ぶ毛もよく切れる鋏、よく剃れる剃刀、よく抜ける毛抜き」というところから、屋号を「うぶけや」としたそうです。

七代目の矢崎秀雄さんからは、刃物にまつわる縁起のいい話を伺いました。

「刃物は『切れもの』ということから縁が切れるに通ずるので、贈り物に向かないと思われているようですが、たとえば鋏はふたつの刃がひとつに結ばれて完全な道具となります。しかも、ふたつの刃がひとつの目的に向かって協力して働かないと、役に立ちません。また、お料理上手の奥さまをもたれた旦那さまは幸せだと昔からいわれておりますが、その料理の味わいをいかすのが、この包丁でございます。ですから刃物は、一家和合のシンボル。こんなおめでたいものはございません」

なるほど、さすが「切れもの」の「うぶけや」七代目。切れ味のいい宣伝をなさいます。

刃物の手入れについても教えていただいたところ、包丁は使ったあと、かならず熱湯を掛け、乾いた布巾でから拭きしてから湿気の少ないところにしまう。鋏は、良質の油を二、三滴足らした布で拭いてからしまう。このちょっとした手入れをすることで、永く気分よく使えるとのことです。

この「うぶけや」特注の鋏を数十年前から使っているという紙切りの林家今丸師匠にもお話を伺いました。寄席の紙切りの芸人さんたちが愛用されているこの鋏、初代林家正楽師匠が矢崎さんのお父さまに特注したものだそうです。紙切りでは、穴を切り抜くためになにより鋏の先の切れ味が大切。何度も師匠の注文で作りなおし、やっとできあがったという貴重な鋏なのだそうです。

ここで寄席の色物として登場する紙切りの歴史を簡単に。大正の初め頃、「昔家おもちゃ」という方がいて、寄席の下足番をしていたそうです。手慰みに紙切りをしたところ、これが実にみごとだったことから、ある浪曲師が「おまえさん、高座へ出てみたらどうだい」と声が掛かって舞台でやるようになり、おおいに稼いでのちに席亭になったとのことです。昔家おもちゃから少し遅れて登場されるのが今丸師匠の師匠、林家正楽。現在の正楽師匠は二代目で、今丸師匠の兄弟子にあたります。

今丸師匠、寄席では右手に鋏、左手に紙を持ち、お囃子《はやし》にのって紙切りをされますが、動かすのは鋏ではなく紙のほうなのだそうです。師匠いわく「作りが丁寧なので、孫の代まで使えそう」とのこと。

日本橋さるや

「駒形どぜう」でもずっと愛用している楊枝

ふさ楊枝で江戸の昔から評判の「さるや」さん。とはいえ、ふさ楊枝を実際にご存知の方は、もういらっしゃらないと思います。ふさ楊枝とは、江戸時代に使われていた歯ブラシで、材料は黒文字の木。長さは六～一四センチくらい、太さは四～七ミリで、柄と房の部分に分かれています。房は二～五ミリくらいで、木の槌で軽く叩いて柔らかくし、先端を切りそろえてあります。油絵の筆のような形をしていますが、先端の房が柔らかすぎず、堅すぎないように作るのがコツ。これに歯みがき粉や塩をつけたら妻楊枝を使うような感じで持ち、房の部分を歯にあてて上下に動かして磨きます。残念ながら磨けるのは前歯だけで、奥歯はこの形状では無理とのことです。

宝永元年（一七〇四）日本橋の照降町（現中央区日本橋小網町）で創業された「さるや」さんは、代々「さるや七郎兵衛」を名乗り、このふさ楊枝のほかに化粧品や小間物を商っていました。当時、神社や寺の境内には楊枝見世が出ていて、文化年間には二〇〇軒以上もあったそうです。

明治になって、西洋から歯ブラシが輸入され、日本でも製造するようになると、ふさ楊枝は次第に売れなくなりました。そのため大正時代の終わり頃から妻楊枝を専門に製造販売するようになったそうです。

「さるや」の名の由来は、「猿は歯白きが故に楊枝の看板たり」との文言からきているという説と、江戸時代後期の戯作者・柳亭種彦《りゅうていたねひこ》の『柳亭雑記』のなかに大通りで小猿を背にして、楊枝をけずりながら売っていたという説があるそうです。いずれにしても、猿は歯が丈夫なのでその名の由来についてはうなずけます。

こちらの楊枝はいまもすべて手作りなので、せいぜい一日二〇〇〇本しか作れないそうです。私のお薦めは、桐箱に黒文字がおさまっている「千両箱」。これをお正月のお年賀に差し上げたら、江戸の粋がわかる方に大変喜ばれました。

「粋ひとがら」の浴衣

竺仙《ちくせん》

夏といえば浴衣、浴衣といえば「竺仙」さん。浴衣の歴史を五代目・小川文男さんに伺いました。
「江戸の中頃から、日本で木綿と藍草が栽培されるようになり、これが木綿の着物の一番大きな起点です。それ以前は麻で、沐浴などで身を清めるときに使う麻布が湯帷子《ゆかたびら》の原型です。それがだんだん進化して、蒸し風呂の中に着て入る時代になり、浴槽に浸かるようになると、お風呂上がりに汗取りに着るようになる。脱衣場で汗取りのために着ていると、どこかひとと違ったものをということで柄が付きだします。うちの初代は、江戸小紋を染める板場で、柄の付いた浴衣を染めさせたんです。最初は無地とか絞り、あるいは簡単な柄でした。これがだんだん進化して、町の中へ浴衣を着て出かけるようになっていきました。江戸っ子が気に入る染め柄というのは、白と紺のコントラスト。江戸庶民の粋という感覚が芽生えた頃と、浴衣が進化していく時期がちょうど同じというのは面白いことです」

江戸時代、粋に浴衣を着こなしていた一番のモデルといえば、やはり歌舞伎の役者さんです。「竺仙」創業の天保一三年（一八四二）の前年に、幕府から中村座、市村座、森田座の江戸三座が浅草の猿若町に移転させられ、芝居町を形成します。初代は歌舞伎役者たちと親しかったので、「竺仙」の浴衣を着てもらったそうです。やはり役者は姿もいいですから、どんな柄を着てもかっこよかったのでしょう。「あれと同じ物が欲しい」、「どこで売ってんだ？」ということで、役者を通して江戸庶民に「竺仙」の名が伝わっていきました。

ところで、「いい浴衣ない？」とお店に尋ねて薦めていただいたのが、表が縞に瓢《ひさご》の柄で、裏は違う柄に染まっているリバーシブルの浴衣。裾をさりげなくめくると「二枚着てるの？」といわれるのが嬉しいんです。

もともと浴衣は表と裏が同じ柄というのが鉄則で、表も裏もきちっと染まっていれば、外から見たときに紺と白のコントラストがきれいに見えるそうです。腕をまくったり、風でひらっとなったときに、裏が白や紺ではなく同じ柄というのが、江戸っ子の粋だったのです。

それが、「竺仙」さんのオリジナルで裏と表を違う柄に染めた浴衣を出したところ大ヒット。しかしこの染めの仕事ができるひとが全国で唯一だったところ後継者がいなくなってしまい、いまはできない貴重な浴衣とのこと。大切に着させていただいております。

江戸っ子から愛された金鍔

榮太樓總本鋪《えいたろうそうほんぽ》

安政四年（一八五七）、江戸日本橋で店舗を構えた榮太樓總本鋪。それ以前は、日本橋にあった魚河岸の近くで、屋台で金鍔《きんつば》を売っていたそうです。魚河岸で働く威勢のいい連中でも、疲れると甘いものが食べたくなります。江戸のお菓子というのは、働くときにエネルギーになる甘味が一番。見た目の美しさより甘くてお腹にたまる金鍔や大福が、喜ばれたそうです。それに比べて、京都のお菓子は茶道を基本にして考えられているので、雅で小さな気取ったものが好まれているわけです。

江戸の町で「榮太郎ちゃんとこの金鍔が美味しい」と大評判になり、金鍔が売れるようになったおかげでお店をもてるようになったそうです。そのときに、榮太郎の「郎」の字を「楼」にして屋号としたとのこと。

『熙代勝覧《きだいしょうらん》』という二〇〇年前の日本橋通りの賑わいを詳細に描いた江戸の絵巻図があります。現在、東京メトロの銀座線三越前駅と半蔵門線三越前駅との連絡通路には復刻したものがあるのでご存知の方もいるでしょう。あのなかの河岸近くには美味しい金鍔を売っている「榮太郎ちゃん」の姿があるような気がします。

金鍔について、東都のれん会会長でもある「榮太樓總本舗」六代目細田安兵衛さんに面白いお話を伺いました。

「みなさん金鍔といえば、四角く切って焼いたものだと思っていますけれど、刀の鍔にちなんで名前がついたお菓子ですから本来は丸なんです。京都に『銀鍔』というお菓子があって、それはお米の粉（新粉）を付けて焼いたので銀色をしていたんですが、江戸では小麦粉を付けて焼いたので金色になったんです。やっぱり江戸っ子は金だよ、ということで金鍔になったという話があります。あんこに寒天を入れてかためたものを四角く切って焼くのは、江戸では『六方焼』というんですが、いつの間にか金鍔といわれるようになりました」

江戸を代表するお菓子のネーミングからして、江戸好みです。私は、榮太樓さんといえば「梅ぼ志飴」。母が好きだったので、缶入りのものを買ってもらって旅に出るときは必ず持っていきました。

最高級海苔のあかしは香り
山本《やまもと》海苔《のり》店《てん》

初代の山本徳治郎さんが、現在も本店のある日本橋室町一丁目に創業されたのは嘉永二年（一八四九）。当時の日本橋には魚河岸があり、それに付随するさまざまな商売で賑わっていました。

海苔が食用とされていたのは、なんと縄文時代からだそうです。そんな長い歴史をもつ海苔が、日本人の食卓になくてはならないものとなったのは江戸時代でした。

安永年間（一七七二〜一七八〇）の頃、浅草では再生紙の生産が盛んでした。この紙を漉《す》く技術を海苔に転用することで、簀《す》で漉く四角い板海苔がうまれたのだそうです。この方法で海苔の養殖をすることを最初に思いついたひとは、本当に素晴らしい。板海苔の登場によって江戸庶民のあいだで「海苔巻き」が大流行し、屋台寿司も町中にあらわれるようになります。

よい海苔の選びかたをお聞きしたところ、第一に香り。そして濃く深みがあり、ツヤツヤした光沢のある黒い海苔であること。色が濃い海苔には、葉緑素などの色素がたくさん含まれていて、味をよくする昆布のうまみ成分であるグルタミン酸や鰹節のうまみ成分であるイノシン酸などの量が多いため味がよいのだそうです。

こういう上等の海苔を食べてみると、口どけのよさに驚きます。一一月から翌年の二月にかけての新海苔の季節は、香りもよくて格別です。

山本海苔さんのお馴染み「まるうめマーク」は、創業当時から使われてきたそうです。その頃、江戸前の海では梅の咲く寒中に上質な海苔が採れたことと、海苔が梅の花と同じように香りを尊ぶことにちなんでいるとのこと。京都など関西へのお土産はこのマークのついた「梅の花」などが、江戸らしくて喜ばれます。

また、香り豊かな上質の海苔に、明太やウニ、梅などの具材をまぶした「おつまみ海苔」も酒の肴として愛用しています。伝統の味を守りながら、このような新しい商品を開発しているところも老舗らしくていいなあと思います。

江戸の味を伝える日本初の折詰料理専門店

弁松総本店《べんまつそうほんてん》

文化七年（一八一〇）、越後生まれの樋口与一さんが日本橋の魚河岸に「樋口屋」という食事処を開いたのが、弁松さんのはじまりです。盛りのよさが評判となって繁盛していましたが、忙しくて時間のない魚河岸の人たちは、せっかく食事が出てきても食べ切る前に席を立たねばならないのが残念でなりません。そこで、残ったお料理を経木《きょうぎ》や竹の皮に包んで持ち帰れるようにしたところ、これが大好評。お持ち帰り用を頼むお客さまにお応えしてできたのが、弁松の折詰弁当だそうです。

そして嘉永三年（一八五〇）、三代目松次郎さんのときに、食事処から日本初の折詰料理専門店に変わりました。「弁当屋の松次郎」略して「弁松」と呼ばれるようになり、折詰料理専門店「弁松」を創業。徳川御三家の家令が人力車に乗って注文に来たこともあるそうです。

弁松さんの魅力は、いまも江戸の甘辛の味を守っていること。創業当時から変わらない江戸庶民に愛された味が生まれた理由とは「日持ちさせるために濃くした」「砂糖が高価な時代に江戸っ子は見栄を張ってたくさん入れた」「江戸っ子は中途半端ではなく、はっきりとした味を好んだ」などだそうです。

弁松さんのお弁当のなかで、私がことに最高の味だと思うのは、タコの桜煮と生姜の辛煮。歌舞伎を観にいくときやお花見のときはもちろん、海外に行くときは飛行機に持ちこみます。機内で私がお弁当を広げていましたら、お隣の方から「どうやって、そのお弁当頼むんですか？」と聞かれたことがあります。残念ながら、機内食にはないんですよね。

日本橋本店の「日本橋だし場」は日本の味の原点です

にんべん

創業者である初代高津伊兵衛さんは、延宝七年（一六七九）、勢州四日市（現在の三重県四日市市）に生まれました。一二歳のときに江戸に上り、日本橋小舟町の雑穀商「油屋太郎吉」で年季奉公。そして、元禄一二年（一六九九）、二〇歳のときに日本橋四日市の土手蔵で、戸板を並べて鰹節と干魚類の商いを始め、これを「にんべん」の創業としているそうです。

宝永元年（一七〇四）には、小舟町に鰹節問屋を開業。現在の本社がある日本橋瀬戸物町（現室町二丁目）に鰹節の小売の店を出されたのは、享保五年（一七二〇）のことです。屋号を「伊勢屋伊兵衛」とし、暖簾には「伊勢屋」と「伊兵衛」から「イ（にんべん）」を取り、堅実な商売をするように金尺《かねじゃく》の〝「」〟（かね）をあわせて〝「にんべん」〟としました。江戸っ子は誰からともなく「伊勢屋」ではなく「にんべん」と呼ぶようになり、現在の社名となったそうです。

江戸の町民たちから愛され繁盛してきた理由は、当時江戸では珍しかった上方下りの鰹節を扱ったことと、「現金かけ値なし」の商売に徹したこと。基本となる商品の質を大事にし、そして独自の売り方を貫く。さすが三〇〇年以上も暖簾を守りつづけている老舗です。

日本橋のコレド室町にある本店では、本物のだしの美味しさに出会える「日本橋だし場」があります。一歩店内に入ると、懐かしい日本の朝の香り、豊潤な鰹節のおだしの香りに包まれます。「日本橋けずり場」コーナーでは本枯鰹節の削り実演をおこなっていて、これもまた懐かしい鰹節を削る「シュッシュッ」という小気味良い音が嬉しいですね。店内ではもちろん、削りたての本枯鰹節も売っています。

お買い物をするなら絶対ここ

榛原《はいばら》

お習字をされたり、気の利いたものがお好きなひとならご存知の和紙専門店「榛原」。日本橋に創業されたのは文化三年（一八〇六）。初代の佐助さんが、書物問屋「須原屋茂兵衛」で奉公したのちに独立されて、紙、墨、薬の商いを始めました。

なかでも良質な雁皮植物を原料として漉いた雁皮紙が「一筆墨をのせると滑らかな筆あたりで、文字がきれいに書ける」と、粋好みの江戸の人々のあいだで大変な評判となり、江戸中に広まったそうです。

和紙に木版摺りでデザインした「榛原」特製の千代紙は、いま見てもモダンな印象を与えます。葉書や便箋などの小間紙類も、ひとつひとつがすっきりと粋な感じで、いつもお店に伺うとどれを買おうか迷ってしまいます。

お祝いやお礼に差し上げる祝儀袋は心を込めて差し上げたいので、上等な紙を使ったこちらのものに決めています。

仕事柄、つねに持ち歩いているポチ袋もいろいろな種類があり、「これは芸者さんにあげよう」なんて思うようないい感じの柄もあります。

独特の色と照りが美味しい

志《し》乃《の》多《だ》寿《ず》司《し》總《そう》本《ほん》店《てん》

人形町は甘酒横丁のなかほどにある「志乃多寿司總本店」。初代の吉益啓蔵さんは明治維新で武士の身分がなくなってしまいます。そこで、ご自分の好物であった稲荷寿司に着目して、明治一〇年（一八七七）にお店を始められたそうです。

「志乃多」という店名は、歌舞伎の人情話「葛の葉子別れ」の場面に出てくる古歌「恋しくば　尋ねてきてみよ　和泉なる　信田《しのだ》の森の　うらみ葛の葉」にちなんでつけたとのこと。

私が人形町に行ったら買って帰るのが、こちらの名物の稲荷寿司。添加物を一切使わずに、製法も大きさも、そしてもちろんお味も創業当時から変わっていないそうです。

江戸好みの甘辛く濃い味つけを守るには、味がほどよく浸みるように特別に薄いお揚げを使うとのこと。油抜きをしたお揚げを醤油と砂糖、みりんで煮て、冷蔵庫で寝かせること三、四日。そしてさらにもう一度味を含ませるという手仕事の賜物なのです。

ことに砂糖は、白ザラメ、赤ザラメ、沖縄の黒糖の三種類を混ぜたものを使うことで、伝統の味に加えて独特の色と照りがでるそうです。美味しさの秘訣は、すべて創業当時にあったのですね。

これからは、こちらのお稲荷さんを、美味しさを噛みしめていただくことにします。

神田・神保町界隈

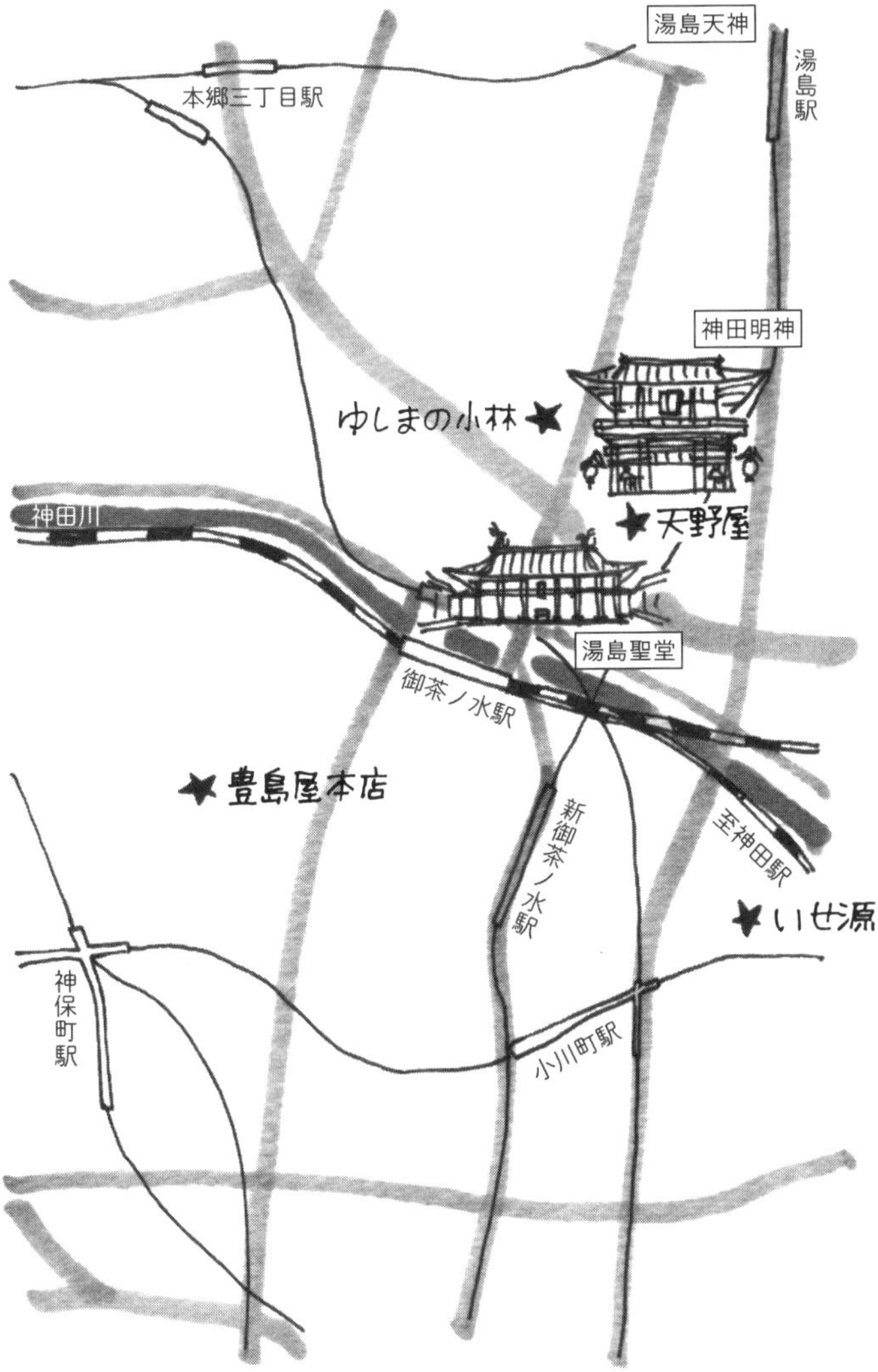
湯島天神
湯島駅
本郷三丁目駅
神田明神
ゆしまの小林
天野屋
神田川
湯島聖堂
御茶ノ水駅
豊島屋本店
新御茶ノ水駅
至神田駅
いせ源
神保町駅
小川町駅

〈名所〉

神田明神

元和二年（一六一六）から現在の高台に鎮座し、「江戸の総鎮守」と称されてきた神田明神。徳川家康公は関ヶ原の戦いの直前に、ここ神田明神で戦勝祈願をおこない、慶長五年（一六〇〇）九月一五日の神田祭の当日に勝利を収めて天下統一を果たしました。そのため、徳川家にとって特別の意味をもつ神社となったといわれています。

神田明神のお祭りである神田祭は、将軍に上覧するため江戸城に山車《だし》を入れることが認められていたことから「天下祭」と呼ばれました。その風格ある祭りはいまも賑やかにおこなわれています。

明治維新後に、神田神社の名称となりました。

湯島天神

学問の神さま、菅原道真公をお祀りしている湯島天神は、受験シーズンになると合格祈願にお詣りする人たちが絶えません。ここもまた、徳川家康公が江戸に入ってから徳川家の庇護により大いに賑わうようになりました。

その後は学者や文人たちをはじめ、江戸の学問の中心のひとつであった湯島にある昌平坂学問所からも多くの参拝者が訪れました。ここは江戸の昔から文教の中心地であったわけです。

大勢の参拝客が訪れる神社でもあったため、富くじ興行の勧進元としても有名でした。谷中の感応寺、目黒の滝泉寺とともに「江戸の三富」と並び称されていました。

菅原道真の「飛梅伝説」にちなむ梅の名所であり、白梅を中心に約三〇〇本の梅が植えられている梅園があります。二月から三月にかけて催される「梅まつり」はお薦めです。

湯島聖堂

江戸の儒学者、林羅山《らざん》が孔子を祀っていた先聖殿が湯島に移築されて「聖堂」と呼ばれるようになり、その後、幕府直轄の昌平坂学問所（昌平黌《しょうへいこう》）が併設されました。

江戸時代末期には、洋学教育の研究機関である開成所や西洋医学校の医学所が設立され、東京大学医学部の前身となりました。

本郷の東京大学をはじめ、多くの大学がある御茶ノ水の街に近い湯島聖堂の構内には、いまも重厚な「学問の聖地」の雰囲気が漂っています。

〈名店〉

いまも変わらぬ江戸の甘味

天野屋《あまのや》

弘化三年（一八四六）創業の「天野屋」さんは、神田明神の鳥居脇で長きにわたり甘酒を商っています。初代は濁り酒の製造を始めましたが、その後、糀、甘酒、納豆、味噌の製造も兼ねるようになりました。この界隈では、江戸の昔より、天然の地質を利用して地下約六メートルに糀室《こうじむろ》を築いて、盛んに糀の製造をしており、神田明神から湯島天神にかけては糀屋や味噌屋が十数軒も軒を連ねていたそうです。

安政二年（一八五五）、江戸を襲ったM《マグニチュード》7の直下型地震・安政の大地震で、多くの糀室は潰れてしまいましたが、幸いなことに天野屋さんの室は無傷でした。その後、関東大震災では入口部分が崩れましたが、煉瓦で大修理をして現在も使っているそうです。

　地下六メートルにある室は保温と吸湿に優れ、常時気温が一六度に保たれているため、糀づくりには最適とのこと。しかし、たくさんあった室も周辺にマンションなどが建ち始めたので、平成三年（一九九一）には一部を除いて埋めてしまったそうです。それでも残った室で、現在も甘酒を製造されています。

　糀菌と米を混ぜるとブドウ糖に変わり、旨い甘酒になります。甘酒は、江戸庶民の日常生活に欠かすことのできない唯一の「甘味源」でした。ことに「明神甘酒」と銘打った天野屋の甘酒は、「富士山に肩を並べる甘酒屋」と句に詠まれるほどの評判でした。

　もうひとつの名品に「芝崎納豆」があります。

神田明神が現在の場所に移された当時、その社の傍に「芝崎道場」と名付けられた草庵がありました。その道場の寒暑忍耐の修行に耐えられるようにと「神に納める豆」が金含豆《こんがんず》として修行者にふるまわれ、それが「芝崎納豆」の元です。地下の室で、大粒の大豆を蒸して発酵させて納豆として売り出したところ、これもまた江戸の人びとに愛される名物となりました。

　甘酒も納豆も、その生命はすべて糀の発酵のしかたにかかっています。温度と湿度を一定に保ち、いっさい機械を使わずに人間の手による「さがし（手を入れる）」によって、ふっくらとしたいい糀ができるのです。それも天野屋さんには地下に天然土室があるからこそです。

　江戸時代からの室で作られる、まさに「江戸の甘味」である甘酒は、身体にしみる優しいお味です。クーラーなどがなかった江戸の昔、夏の暑いときに甘酒を飲んで、この甘味で疲れをとりました。ちなみに甘酒は、夏の季語です。

これぞ江戸・東京の日本酒

豊《と》島《しま》屋《や》本《ほん》店《てん》

「豊島屋」さんの創業は慶長元年（一五九六）。なんと徳川幕府が開かれる七年前に、神田鎌倉河岸で初代十右衛門さんが酒屋を始めたそうです。豊島屋の白酒は江戸中の評判で大勢のお客が殺到し、その人気ぶりは「山なれば富士、白酒ならば豊島屋」と詠われるほどでした。

現在、酒蔵は東村山市にあり、清酒「金婚」は明治神宮、神田明神の唯一の御神酒です。

江戸城築城の際には人夫に酒を供して労を報い、そのために将軍家の御用を命じられるようになりました。そして江戸中期の元文元年（一七三六）には、すでに立派なお店になっていたそうです。

豊島屋は、春になると白酒を売りました。初代がうたた寝をしていると、夢枕に可愛い紙雛が立って、白酒の造りかたをことこまかに教えてくれたそうです。早速造ってみると、とても美味しいお酒ができました。そこで節句の子ども用に売ろうと考えて「桃の節句に　白酒を」と宣伝したところ、これが大評判。節句前ともなると、白酒をもとめるお客で阿鼻叫喚の大混雑となったそうです。その様子は『江戸名所図会』にも描かれています。

江戸時代、神のお告げにより造った白酒が、いまも桃の節句に子どもたちが甘いお酒を飲む風習として残っているのは、なんとも嬉しいことですね。この秘伝の白酒は、現在も「江戸の草分け」の銘で飲むことができます。

ところで、浅草寺のなかの淡島神社に「豊島屋」の名前の入った力石があります。江戸末期から明治の初めに鬼熊という力持ちの軽子がいて、その人がもち上げた石を納めたものだそうです。

寒い冬は燗酒とあんこう鍋で決まり！

いせ源

天保元年（一八三〇）創業の、淡路町にある都内で唯一のあんこう料理専門店。「西のふぐ、東のあんこう」といわれているように、やはり冬になると一度は訪れたいお店です。

こちらはまず店構えからいい感じ。昭和五年（一九三〇）に建てられた木造三階建ての建物は、入母屋造りと二階の欄干に施された菱形模様の彫が特徴。東京大空襲でも焼けずに、いまも老舗の風格を漂わせています。

あんこう料理をいただく店内は、あんこうの旬ともなると、温かな湯気がたちのぼる鍋を突く人たちでいっぱいです。女将さんの愛想がとてもいいのも、お店の雰囲気づくりに一役買っています。

ぜひ味わっていただきたいのは、鍋、煮こごり、唐揚げ、そしてなんといってもお酒の肴にはあんきも。

あんこう鍋は野菜たっぷりで、醤油ベースの江戸の味。新鮮なあんこうの身は、柔らかくてプリップリ。燗酒も進みます。

締めはもちろん、野菜の甘味やあんこうの旨味が染みたスープにごはんを入れた雑炊。ああ、美味しい！　冬ならではの鍋の味を、ぜひお楽しみください。

銀座・京橋界隈

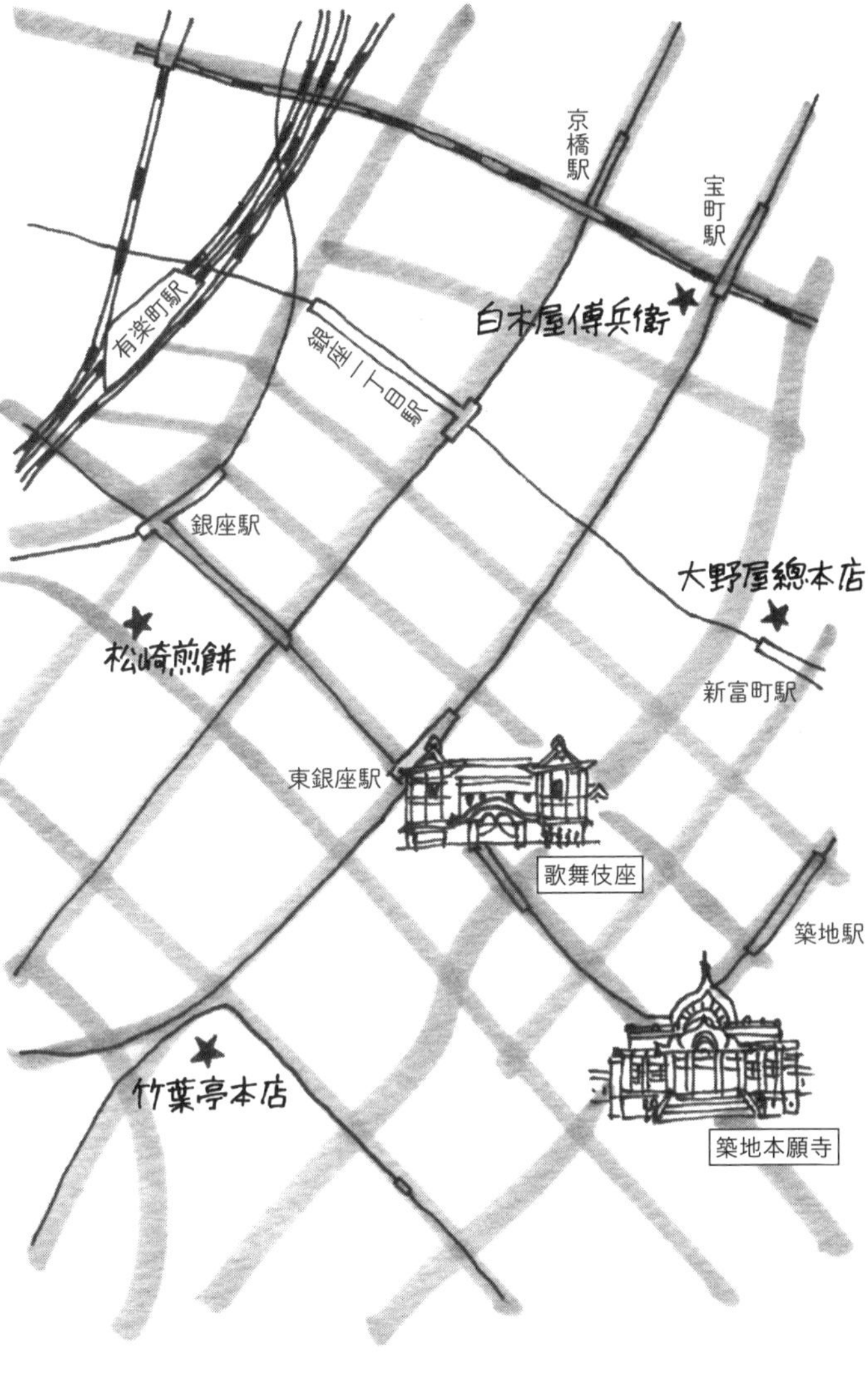
京橋駅
宝町駅
有楽町駅
白木屋傳兵衛
銀座一丁目駅
銀座駅
大野屋總本店
松崎煎餅
新富町駅
東銀座駅
歌舞伎座
築地駅
竹葉亭本店
築地本願寺

〈名所〉

歌舞伎座

戦後に建てられた歌舞伎座は「登録有形文化財」に指定されていましたが、老朽化が進んだため平成二五年（二〇一三）に新しく建て直されました。

「五代目」となる現在の歌舞伎座。高層のオフィスビル「歌舞伎座タワー」とつながっていますが、外観は昔ながらの歌舞伎座の趣を残しているという面白い建物です。

歌舞伎見物はもちろんですが、それ以外にも屋上庭園を眺めながら、隈研吾氏設計のお洒落な「寿月堂」さんで美味しいお茶をいただく。そして帰りに地下でお土産を買うだけでも十分に歌舞伎座を愉しめます。

築地本願寺

日本のお寺で築地本願寺ほどエキゾチックな建物はほかにありません。ここは東大名誉教授だった伊東忠太氏が設計した浄土真宗本願寺派の寺院で、京都にある西本願寺の直轄寺院ですが、まるでインドを訪れたような気分がしてきます。

もとは現在の日本橋横山町にありましたが、明暦の大火で焼け、佃島の門徒が埋め立てた土地に苦労して建てたといわれています。

〈名店〉

長屋で重宝した江戸箒《ほうき》

白《しろ》木《き》屋《や》傳《でん》兵《べ》衛《え》

天保元年（一八三〇）創業の江戸箒の「白木屋」

さん。講談の話のなかに「長尻の客だな、箒を逆さに立て掛けておけ」とか、「新品の箒で腹を撫でてやれ、そうすりゃ安産だ」という台詞が出てきます。もしかしたら、箒は単なる掃除をする道具ではないのかもしれません。江戸箒の「白木屋傳兵衛商店」六代目当主からいろいろお話を伺いました。

なんと奈良の正倉院には、孝謙天皇が蚕部屋を掃き、豊作を祈るために使った箒が納められているそうです。箒は、もともと呪術的な意味が込められた神事の道具であり、安産祈願に妊婦のお腹を新しい箒で撫でるというおまじないが生まれたのかもしれません。

日本人は、一〇〇〇年以上も前から、不思議なパワーをもつ箒を使っているわけですが、植物を束ねるという箒の基本的な作りかたはその昔からずっと変わっていないそうです。

箒の材料は、関西は棕櫚《しゅろ》を使い、関東はホウキモロコシ。一年草で草丈が約二メートル、あたりが柔らかくてコシがあるので、力を入れなくてもささっと掃き出すことができます。畳が庶民の住む長屋にも普及すると「おう、これは使いやすいや」と江戸前の箒が生まれました。「江戸箒」の名で作りはじめたのはこちらが最初だそうです。

「ホウキモロコシは、畑で栽培します。私どもでは、筑波山の麓の農家で作ってもらっていますが、見た感じはトウモロコシ畑そっくりです。四月に種を蒔き、三か月たった七月くらいに草（穂）を収穫してしまいます。収穫した穂を天日で三、四日乾燥させて、選別。それを熟練の職人が、丹精込めて編み上げます」

現在、国内でホウキモロコシを栽培する専業農家はほとんどなくて、国産品はとても貴重とのこと。そして質の高い箒を作るためには、穂の選別が大変重要で、熟練の職人が手で感触を試しながら丹念にやるそうです。

その後、三時間くらい水に漬けて湿らせた状態にします。編み上げるには、少しずつ束ねた草をつなげていき、最後に「胴締め」といって左右と真ん中の三つの大きな束をまとめて締めます。柄を打ち込んで、付け根の部分を編み上げ、そして穂先を切って整えれば「江戸箒」の完成です。

座敷箒は、長柄箒と手箒とがありますが、熟練した職人さんは編み上げから完成まで長柄箒で一日に三から五本を作られるとか。なんとも丁寧な手作業が江戸時代から今日まで脈々と続けられているわけですね。

江戸箒は、お座敷用が使い減りしたら洗面所、トイレ用へ、さらに使い減れば玄関用と長く使うことができます。そして最後は植物原料なので処分にも困らず、地球にやさしいものなのです。

大切な技で作られた江戸箒は、最後まで使いたいものですね。ちなみに大相撲で呼出さんが土俵を掃いているのは「白木屋」さんの箒だそうです。

歌舞伎座の帰りは江戸前の鰻で

竹葉亭本店

「竹葉亭」さんの創業は慶応二年（一八六六）。初代別府金七さんが、浅蜊河岸（現在の新富町）で、剣術家・桃井春蔵《もものいしゅんぞう》道場門下生の「刀預り所」のお役目として留守居茶屋を開いたことがはじまりです。その後、二代目が鰻屋として、近くにあった新富座や歌舞伎座などへお弁当を仕出しするようになり、名店としての地位を確立していったそうです。

鰻は、ふっくらやわらかくてとろけるよう。そして一〇〇年間守られてきたタレも、きっちりしていてまさに江戸の味です。

美味しい鰻をいただくときは、雰囲気も味わいたいもの。「竹葉亭本店」のコース料理をいただく離れの建物は大正時代に建てられ、お部屋のしつらいにも風情があります。

歌舞伎座で大芝居を堪能したあとは、こちらのように古き佳き雰囲気のあるお店で江戸の味に舌鼓を打つ、というのがよろしいのではないでしょうか。

贈り物には愛らしい瓦煎餅を

松崎煎餅

初代松崎惣八さんが、文化元年（一八〇四）芝で創業され、その後、慶応元年（一八六五）に銀座に移転されて現在にいたります。

こちらのお店には、草加煎餅やあられ、おかきなど美味しいお煎餅が並んでいますが、私がいつも買うのは瓦煎餅。薄くなめらかに焼いたお煎餅の表面に、職人さんが一枚一枚ていねいに四季折々の花などを砂糖蜜で描いているのが、なによりの値打ちだと思うからです。

もちろんお味もよく、卵をたっぷり使ったコクのある甘味とさくさくした食感は美味しいです。気の利いた手土産をもっていきたいときには、こちらに伺います。

お誂え足袋ならここ

大野屋總本店

足袋の名店「大野屋」さんのある新富町は、明治時代に「東京一の劇場」と謳われた芝居小屋・新富座があり、歌舞伎関係者が多い芝居町として栄えていました。いまでも近くには歌舞伎座や新橋演舞場があり、まさにお芝居とは縁の深い土地ならではのお商売。当代を代表する人気役者さんたちのお得意さまも多いとのことです。

創業は安永年間（一七七二〜八一）。二〇〇年以上の歴史がありますが、こちらの足袋の特長は、足を美しく見せる「新富形」。日本舞踊の足袋は爪先が命といわれていますが、職人さんたちの熟練の腕により舞台で足幅が細く見えるようにさまざまな工夫が施されているそうです。

私も商売柄着物を着ることが多いのですが、こちらで誂えた足袋を履いてからはほかのものは履けません。私の足に合わせてコハゼの位置を変えてくれたりと、職人さんがすべて手仕事でやってくれるので、安心してお任せしています。

足袋が苦手といってお着物を敬遠されている方も、いちど「大野屋」さんを訪ねてみてください。一生ものとなるご自分の足に合う足袋と出会えることでしょう。

ちなみに講釈師の宝井琴梅師匠もこちらの足袋の愛用者。お弟子さんが真打になるとお祝いに「大野屋」さんに連れて行き、一ダースほど誂えてさしあげるそうです。それだけ数があれば数年はもつので、あとはご自分でという粋な贈り物です。

赤坂・麻布・三田界隈

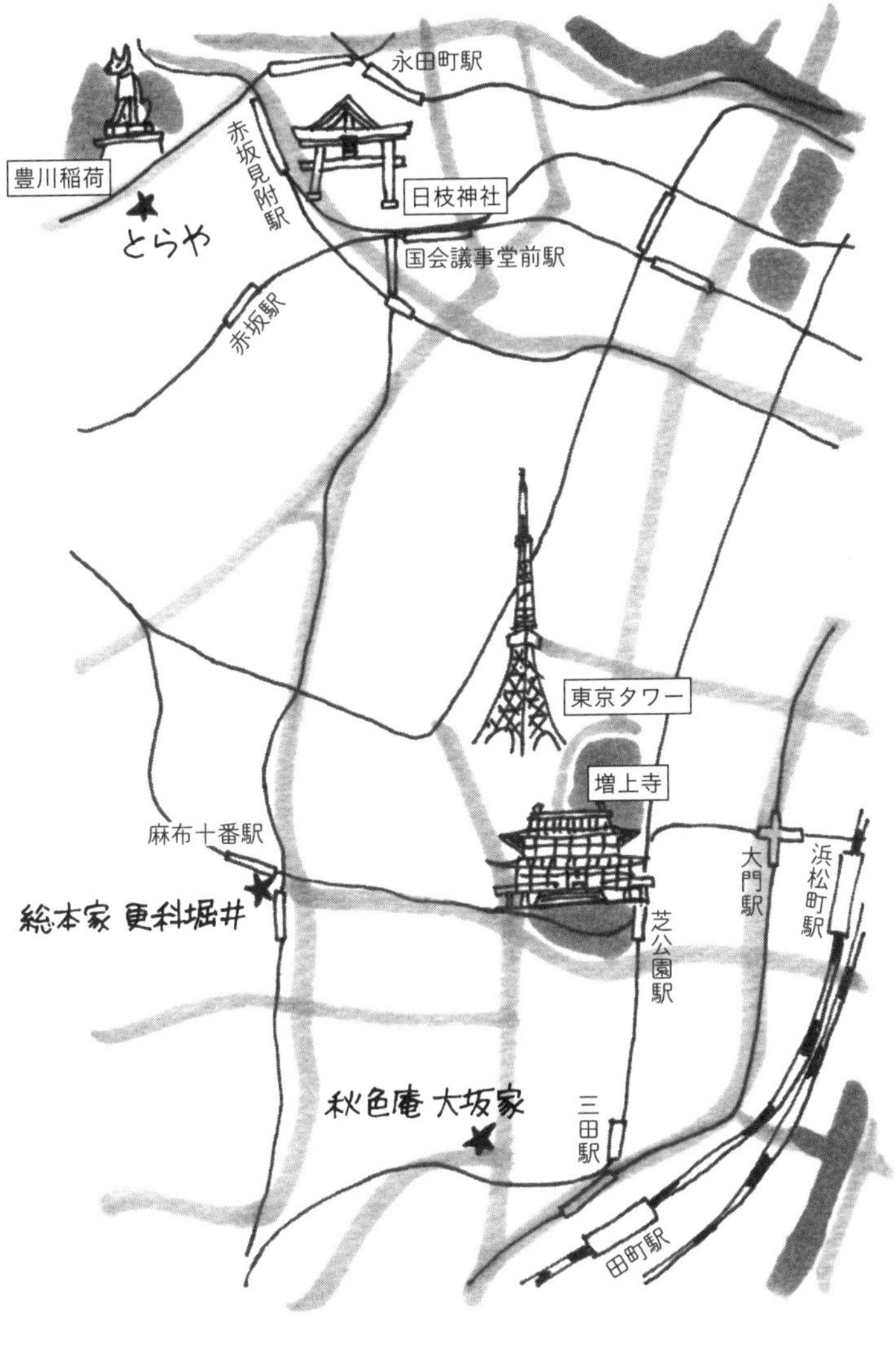
永田町駅
豊川稲荷
赤坂見附駅
日枝神社
とらや
国会議事堂前駅
赤坂駅
東京タワー
増上寺
麻布十番駅
総本家 更科堀井
大門駅
浜松町駅
芝公園駅
秋色庵 大坂家
三田駅
田町駅

〈名所〉

豊川稲荷

愛知県豊川市にある通称「豊川稲荷」は狐ではなく、稲荷の本地仏といわれる吒枳尼眞天《だきにしんてん》をお祀りしていますが、赤坂の豊川稲荷はその別院にあたります。

もとは、大岡裁きで知られる大岡越前守忠相《ただすけ》が豊川稲荷から分霊を受け、自邸で祀っていたということです。大岡邸が赤坂一ツ木に移転し、明治になって、赤坂一ツ木にあった大岡邸から現在の元赤坂に移転しました。

日枝神社

江戸三大祭のひとつ山王祭がおこなわれる大きな神社です。「山王権現」とか「山王社」とも呼ばれていますが、造りが立派でエスカレーターまで備えていることには驚きます。

鳥居の形が変わっていることでも有名ですが、これは滋賀県大津市にある山王総本社の日吉大社の鳥居と同じ形をしています。江戸城を築いた太田道灌が、お城の鎮守として山王権現をお祀りしたのがはじまりです。

東京タワー

平成二四年（二〇一二）に東京スカイツリーが開業し、東京タワーはテレビの電波塔としての役割を終えました。三三三メートルという高さも、残念ながらスカイツリーの六三四メートルには遠く及びません。

しかし多彩なライトアップの仕掛けはみごと

で、夜の街から美しい東京タワーを見上げるたびに「きみの勝ちだよ」と心のなかでつぶやいております。

増上寺

港区芝にある浄土宗の大本山です。平安時代に真言宗の寺院として創建され、室町時代に浄土宗に改宗して光明寺を増上寺と改めたといいます。室町から数えてもおよそ六〇〇年の歴史をもち、江戸では浅草寺に次いで古いお寺ということになります。

徳川家の菩提寺として栄え、上野の寛永寺と並び称される大きなお寺になりました。徳川家の霊廟も増上寺と寛永寺のバランスが崩れないように、それぞれ六人の将軍が葬られています。周辺は「芝で生まれて神田で育ち」といわれた江戸っ子の本場とされています。

本堂地下一階にある「増上寺宝物展示室」にある本物の十分の一の縮尺で作られた二代将軍徳川秀忠公の霊廟の模型は見る価値があります。

〈名店〉

新装オープンの赤坂とらやで愉しむ和菓子の世界

とらや

室町時代に京都で創業し、後陽成天皇に和菓子を献上して以来、皇室御用達の和菓子店として暖簾を守ってきました。

明治になって、天皇に随行して東京に移ってこられた「とらや」さん。実はそのとき一緒に京都から来たのが、お隣で店を構えていた母の実家「本田味噌」でした。残念ながら、東京では京の白味噌があまり売れずに京都へもどりましたが、「とらや」さんは着々と発展されました。

東京土産といえば「とらやの羊羹」。母も練りのよい小倉羊羹「夜の梅」が大好きでした。日本の和菓子の文化を世界へ発信されていて、パリのお店もいつも日本人のみならず地元の方でいっぱいです。古い伝統の味を守りつつ、いつもアンテナを立てて新しいことにチャレンジされている「とらや」さんの姿勢には感服しています。

二〇一八年秋にリニューアルオープンされた「赤坂とらや」では、地下一階から三階までの四フロアで、「これぞ、とらやワールド」といった和菓子の世界を愉しむことができます。

のど越しのよさが蕎麦のいのち

総《そう》本《ほん》家《け》更《さら》科《しな》堀《ほり》井《い》

とりわけ蕎麦食いだった父は「あったかい汁物より、こっちのほうが蕎麦の味がわかる」といって、どんな寒いときでも、もり蕎麦を注文していました。そんな蕎麦好きに愛されつづけてきたのが、麻布十番の「更科堀井」さん。

江戸時代、信州高遠の保科松平家の御用布屋であった堀井家は、信州特産の晒布を届けに保科家江戸屋敷に出入していたそうです。

寛政元年（一七八九）、領主保科兵部少輔から蕎麦打ちがうまいのを見込まれて「布屋よりも蕎麦屋に」と勧められ、麻布永坂町の三田稲荷（高稲荷）下に「信州更科蕎麦処　布屋太兵衛」の看板を掲げたのがはじまりです。将軍家の「御前蕎麦」になったことで、その名が江戸中に広まりました。

更科蕎麦の特徴は、その白さにあります。「一番粉」と呼ばれる色白のそば粉を原料としているため、蕎麦に仕立てても白くなるのです。蕎麦のほのかな香りと甘みがかった味わい。そして、際立つのはのど越しのよさ。やはり江戸蕎麦なら、こちらがお薦めです。

お馴染み「秋色桜の由来」

秋色庵《しゅうしきあん》大坂家《おおさかや》

こちらの銘菓秋色最中の美味しさは、いまもご当主が、毎朝五時半から三時間半かけて小豆を炊いているという味へのこだわりの賜物です。

「大坂屋」さんは、元禄期に宝井其角《たからいきかく》の弟子として活躍した俳人・秋色女が出たことでも有名です。「秋色桜の由来」という講談でも広く知られています。

菓子屋職人六右エ門の一人娘お秋、七歳で其角の弟子となり、俳名が秋色。一三歳の折り、上野のお山にお花見に行った際に詠んだ句が「井戸端の　桜あぶなし　酒の酔い」。

これが寛永寺の宮さまのお目に留まって参上するようになります。この秋色女、俳句の才のみならず、大変な親思いの孝行娘でした。それが江戸中の評判となり、以来、句に詠んだ枝垂れ桜を秋色桜と呼ぶようになったというのが講談のお話です。今も上野の清水堂の脇に秋色桜がみごとに花を咲かせております。

銘菓にまつわる物語があるというのも、老舗ならではのことです。

浅草界隈

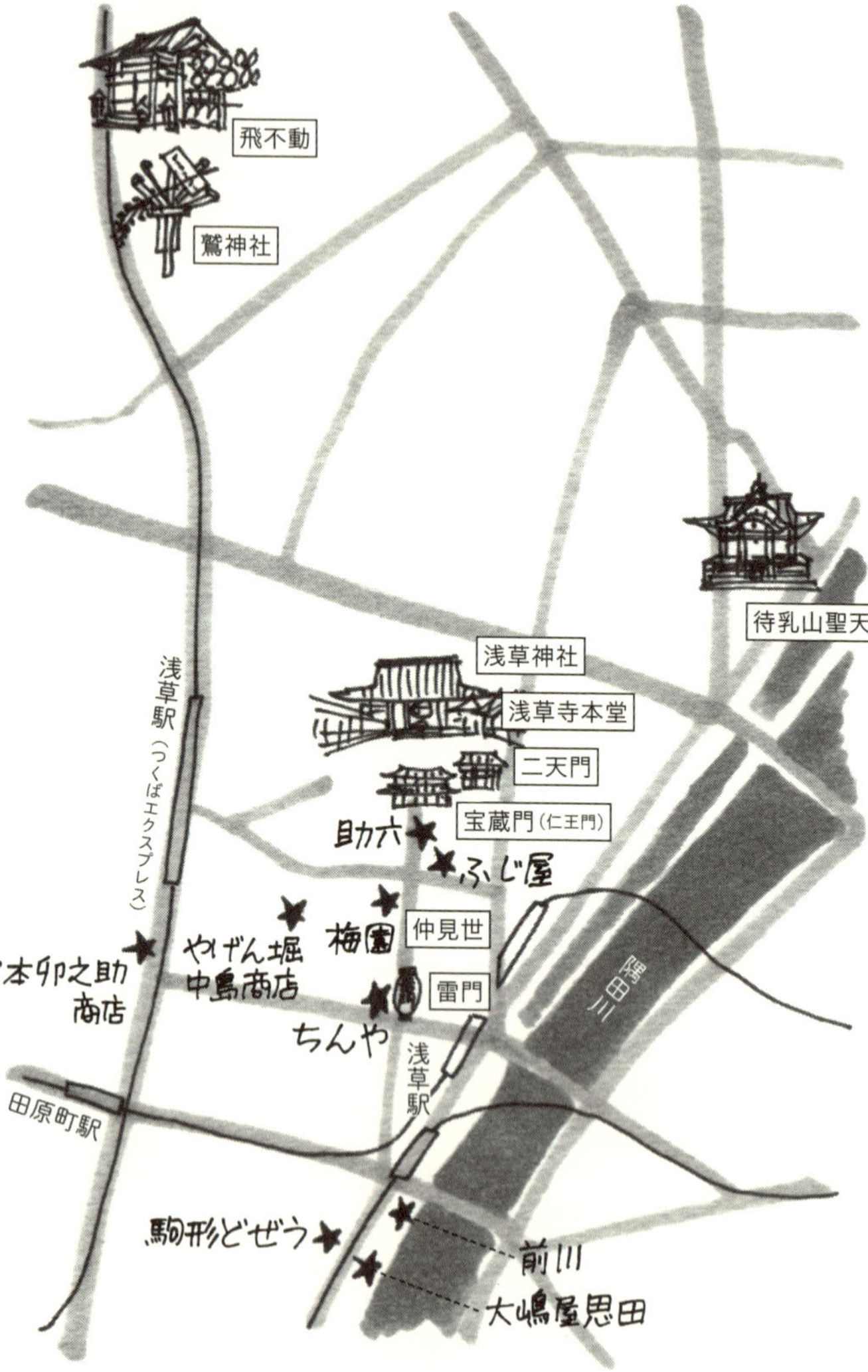

飛不動
鷲神社
待乳山聖天
浅草神社
浅草寺本堂
二天門
宝蔵門（仁王門）
助六
ふじ屋
仲見世
梅園
やげん堀
中島商店
宮本卯之助
商店
雷門
ちんや
浅草駅（つくばエクスプレス）
浅草駅
田原町駅
隅田川
駒形どぜう
前川
大嶋屋恩田

〈名所〉

雷門

浅草の街は浅草寺の門前町として栄えました。そのため浅草のシンボルは今も昔も雷門。正式名称は風雷神門といいます。

雷門には、右に風神像、左に雷神像が安置され、大提灯が下がっています。現在の雷門は幕末に火災で焼けてから約一〇〇年後に鉄筋コンクリートで再建されました。このところ、浅草へやってくる外国人観光客が激増し、門前は大変な賑わいになっています。

仲見世

仲見世は、江戸時代の元禄頃から店が並びはじめたといわれ、日本で最も古い商店街ともいわれています。江戸時代にまとめられた『江戸名所図会』には、「金龍山浅草寺」と題して、当時の浅草寺の様子が詳しく描かれています。

仲見世は、大正一二年（一九二三）の関東大震災で壊滅し、昭和二〇年（一九四五）の東京大空襲でも焼けました。にもかかわらず、たくましく復興していまも賑わっているのは浅草っ子のパワーの賜物ではないでしょうか。

宝蔵門（仁王門）

雷門から仲見世通りを本堂に向かって歩いていくと宝蔵門に至ります。小舟町と記した大提灯の下がっている門です。仁王像が見張りをしているので「仁王門」とも呼ばれていました。門の北面には魔除けの大ワラジもあります。

『浅草寺縁起』によると、平公雅が天慶五年（九四二）に武蔵守となり、念願がかなったお礼に、この仁王門を建立したといわれています。

江戸時代になり三代将軍徳川家光公が寄進した仁王門は三〇〇年近くも存続していたのですが、残念ながら東京大空襲で焼け落ちてしまいました。名を変えた現在の宝蔵門は昭和三九年（一九六四）の再建です。

浅草寺本堂

飛鳥時代に創建された江戸最古の寺院である浅草寺は、隅田川で漁師の檜前浜成《ひのくまはまなり》・竹成《たけなり》兄弟が漁をしていたとき網にかかったといわれる観音菩薩像を本尊としてお祀りしています。

本堂は創建以来、何度も焼失し、そのたびに再建されてきましたが、東京大空襲で焼失した後、昭和三三年（一九五八）に再建されました。

現在の本堂の特色として、チタンでできた瓦を使用していることをあげることができるかもしれません。高価ながら軽量で建物に対する負担が少なく、安全の面でも優れているといわれています。

浅草神社

古い呼び名は「三社権現」で、檜前浜成・竹成兄弟と土師真中知《はじのまつち》の「三社様」をお祀りしています。五月下旬の三日間にわたっておこなわれる三社祭は、浅草の街がすべて祭一色となり、二〇〇万人以上の見物客で賑わいます。

初日は、鳶頭木遣りなどの大行列が祭礼のはじまりを告げ、五穀豊穣・商売繁盛・子孫繁栄を祈願する田楽「びんざさら舞」が奉納されます。二日目に「例大祭式典」があり、三日目は神輿の宮出しと宮入り。浅草のひとは三社祭の三日間のために働いているといっても過言ではありません。

二天門

浅草寺本堂の東に建つ朱塗りの二天門は、慶安二年（一六四九）に浅草寺の東門として創建された古い建物です。もとは神像が守護する神門で「随身門」と呼ばれていました。

明治維新後、神仏分離によって神像は浅草神社に遷座され、仏像を迎えて二天門と呼ばれるようになりました。

現在の二天は四代将軍・徳川家綱の霊廟である寛永寺・厳有院からお迎えした四天王のうちの増長天（向かって左）と持国天（向かって右）です。

二天門は平成二二年（二〇一〇）に改修工事がおこなわれ、創建当時の姿に生まれ変わりました。

待乳山聖天《まっちやましょうてん》

隅田川右岸の丘の上にある待乳山聖天は、元はインドの神だった歓喜天をお祀りしています。縁起では、浅草寺の観音像の出現に先だって待乳山が一夜で湧き出し、金龍が舞い降りて待乳山を守ったと伝えられています。

境内には、巾着や大根がたくさん見られます。大根は身体を丈夫にし、良縁を成就し、夫婦和合の象徴であり、巾着は財宝で商売繁盛をあらわしています。

鷲神社

台東区千束町に鎮座する「おとりさま」が鷲神社です。アメノヒワシ命とヤマトタケル尊をお祀りしていて、アメノヒワシ命は、開運・商売繁昌の神様として有名です。

一一月の酉の日の例祭は酉の市として縁起物の熊手を売る店が境内に立ち並び、大いに賑わいます。威勢よく手締めして「縁起熊手」を売る祭の賑わいは格別です。

飛不動

台東区竜泉にある天台宗の正宝院が「飛不動」と呼ばれています。創建は享禄三年（一五三〇）と古く、縁起によると、創建から間もない頃、住職がご本尊のお不動様を笈で背負って大和の大峰山に修業に出かけたところ、その不動尊像が当地へ飛びかえったので「飛不動」と呼ばれるようになったそうです。

「旅先まで飛んできてくださる」とか「厄を飛ばしてくれる」という御利益が多くの人の信仰を集めました。私は、海外へ飛行機で旅をするときにこちらのお守りを必ず持参しています。

〈名店〉

三社祭を支える伝統の技

宮本卯之助商店

文久元年（一八六一）創業の、神輿と太鼓をはじめとする祭礼具一式を製作修理し、販売する老舗です。その歴史は長く、そもそもは土浦で水戸藩の御用太鼓師を務めるお家柄でしたが、明治の頃「太鼓屋をやるなら浅草に行け」ということでこちらにやってきたそうです。

私たち浅草の人間が「三社さま」と呼ぶ浅草神社には、戦前まで三代将軍徳川家光公が寄進された貴重な御神輿があり、三〇〇年間大切に守ってきました。それが三月一〇日の東京大空襲のとき、焼夷弾が浅草神社の神輿庫を直撃したために全焼してしまいます。

終戦後、ようやく仲見世も復興してきたときに、浅草をさらに復興させるにはお祭りだということになり、御神輿をつくることになりました。しかし戦災で焼けてしまった浅草には資料となる神輿の写真もありません。そこで宮本さんの五代目が中心となって、家光公と縁の深い日光の東照宮へ御神輿を見にいき、それを原型として作ったのが現在の本社神輿です。屋根が曲線を描いている豪快な三社型神輿は、浅草の誇りでもあります。

国際通りに面した「宮本卯之助商店西浅草店」の四階には、世界の太鼓を集めた「太皷館」があります。和太鼓のコレクションはもちろん、珍しい世界各国の太鼓は一見する価値があります。

江戸の昔から守りつづけているタレの味

前川

江戸は文政年間（一八一八〜三〇）から、通人に愛されてきた鰻の老舗です。水清らかな大川（隅田川）にのぞんで建つところから屋号を「前川」としたそうです。当時は、お店に船着き場もあり、柳橋の芸者衆を川船に乗せてくるような粋なお客さまもいらしたそうです。

「前川」さんの先代と父は毎晩のようにお酒を飲む間柄だったこともあり、戦争中は私たちが疎開していた葉山に越していらっしゃいました。そのとき、江戸の大火や関東大震災のときにも大事に守りつづけた鰻のタレ壺をもっていらしたのをよく覚えています。

現在もこちらのお座敷から隅田川をのぞむ眺めは素晴らしいのですが、近年はそれに東京スカイツリーが加わりました。隅田川越しに東京スカイツリーを眺めながら、美味しい鰻をいただくのはまた格別です。

厳選した上質の鰻に、蒸すのも焼くのも丁寧な仕事が施され、二〇〇年間注ぎ足してきたタレはまさに江戸前の味。

浅草の風情を愉しみつつ、ゆったりと美味しい鰻をご賞味ください。

とにかく旨い肉を追求しているお店

ちんや

明治一三年（一八八〇）創業の「ちんや」さん。すき焼き屋さんにしては珍しいお名前です。そもそも江戸時代に旗本の奥方や豪商相手に狆《ちん》などの愛玩動物を納めつつ獣医も兼ねた商売をしていたため、「狆屋」と呼ばれていたそうです。明治になってからは、屋号はそのままで料理屋を開き、すき焼き専門店になったのは明治三六年（一九〇三）とのこと。

すき焼きの肉は、甘い独特の風味をもつ黒毛和牛の雌を一か月かけて熟成させたもの。伝統の甘味の強い割り下で煮た牛肉の味の旨さは格別です。

気軽に「ちんや」さんの美味しい牛肉をいただきたいときは、地下一階の「レストランちんや亭」がお薦めです。旨い肉をミンチにしてつくったハンバーグは絶品。

浅草名物の粟《あわ》ぜんざい

梅園

浅草の甘味処といえばこちら。安政元年（一八五四）浅草寺の別院・梅園院の一隅に茶店を出したのがはじまりで、屋号もそこからとったそうです。

甘味処でいただくお汁粉やあんみつ、みつまめなど、どれも美味しいのですが、私がとくにお薦めしたいのは創業当時から浅草名物の粟ぜんざい。蒸し上げたきび餅のうえに、熱々のこし餡をたっぷりのせたぜんざいは香ばしくて、ここならではの味です。

観音さまにお詣りした際には、ぜひ江戸からつづく伝統の甘味をご賞味ください。

どぜう鍋との相性抜群

やげん堀中島商店

どぜう鍋になくてはならないのが「やげん堀」の七色唐辛子。寛永二年（一六二五）、両国の薬研《やげん》堀《ぼり》で七色唐辛子を売り出したこちらのお店とは、おそらく「駒形どぜう」創業当時からのおつきあいだと思います。

現在、蕎麦やうどんの薬味としても食卓に欠かせない七色唐辛子を、日本で最初につくったのはここ「やげん堀」。初代の中島徳右衛門さんは漢方薬に大変精通していた方で、朝鮮渡来の薬効のある漢方薬を日常的にとる方法を考えていたそうです。その結果、効能のある七種の味をブレンドして誕生させたのが七色唐辛子。その後、江戸の食文化に蕎麦切りが加わったことで、薬味として江戸中に広まりました。

店頭では、「ちょっと山椒をきかせて大辛に」などと注文すれば、自分好みの味にブレンドした七味を買うことができます。こういう江戸ながらの愉しみが、いまもきちんと受け継がれているのが嬉しいです。

江戸の味と香りをご堪能ください

駒形どぜう

浅草は駒形堂近くに店を開いたのは享和元年（一八〇一）。一一代将軍徳川家斉公の時代です。

武蔵国（現埼玉県北葛飾郡）に生まれた初代越後屋助七は、一八歳で江戸に出て奉公したのち、めし屋を開きました。開業にあたり、お世話になった奉公先の恩に報いるため、ご主人の郷里越後を屋号とし、越後屋助七と名乗ったわけです。

当時の品書きは、どぜう汁にめしとおしんこ。早い、安い、旨いの「安旨《やすうま》」がうけて、店は大勢のお客さまで繁盛したといいます。

まずはドジョウを酒で酔わせることで、臭みをとり骨を柔らかくします。それを江戸の甘味噌仕立ての汁で煮たら、平鍋に並べて甘辛の割り下でさらに煮ます。熱々となったらたっぷり葱をのせていただくどぜう鍋。これは創業当時のままの調理法です。

関東大震災と東京大空襲で二度も店が焼失するという混迷の時代に暖簾を守った父が、戦後に再建した出し桁造りの総檜の店。江戸の佇まいのなかで、いまも変わらぬ江戸の味をぜひご賞味ください。

向島・浅草橋・両国・亀戸界隈

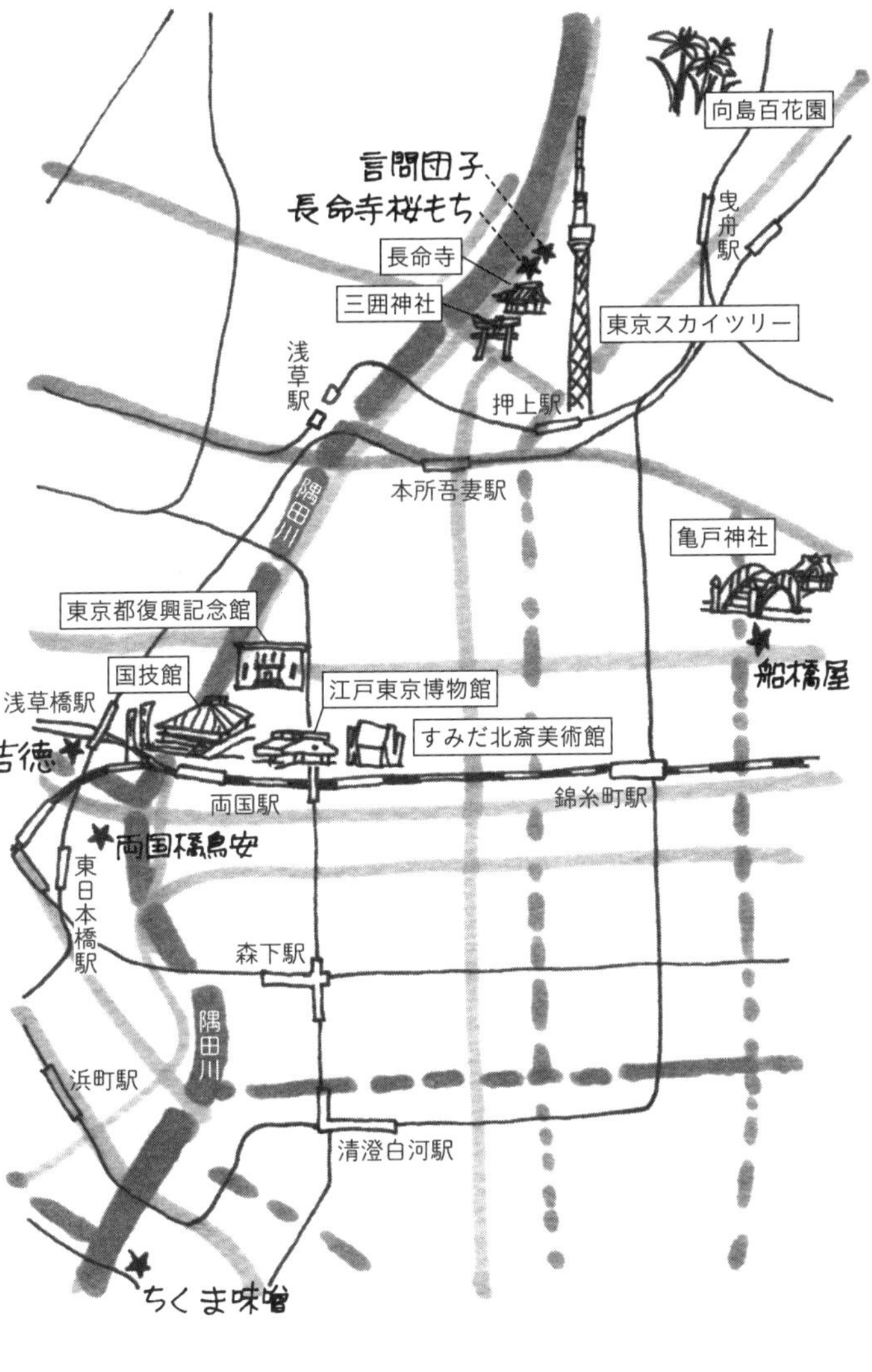

〈名所〉

三囲神社

境内にはどこか変わった雰囲気がただよっています。狛犬とキツネが並んでいるのは不思議ではありませんが、かつて池袋の三越百貨店に置かれていたライオン像まであるからです。

三囲神社は、三井寺の僧侶が改築したという言い伝えがあり、その際にキツネにまたがった老人の神像があらわれ、そのキツネが周囲を三回まわって消えたので、三囲神社の名がついたといわれています。

隅田川側の鳥居から境内に入ると、三井家の屋敷から移設されたという三本足の三柱鳥居が建っています。「三井」と「三囲」の縁から三井家が当社を守護社としたからだといいます。

長命寺

三囲神社から隅田川左岸の堤防をしばらく北へ行くと、三代将軍の徳川家光公が鷹狩りをしていたときに腹痛になり、境内の井戸水で治したという長命寺があります。

家光公は大変喜び、効験のあった井戸水を長命水と呼び、それと同時に寺の名前も長命寺とあらためたそうです。

向島百花園

春の梅や藤、夏のクズ、秋の萩といった植物が植えられた江戸の趣《おもむき》をのこす花屋敷といったところ。文化元年（一八〇四）、仙台出身の骨董商で文人趣味のもち主だった佐原鞠塢《きくう》（北野屋平兵衛）が開園しました。そのため、江戸の文人墨客が常連客として集まる社交の場になったといいます。また、百花園の影響で江戸では園芸が流行し、向島には植木屋が増えたそうです。

国技館

江戸時代に勧進相撲がおこなわれた回向院に近く、両国駅の真ん前にあります。かつて両国にあった国技館が関東大震災と空襲で被災し、戦後は米軍に接収されたこともあり、蔵前に新設されましたが、昭和六〇年（一九八五）に、現在の両国の地に戻る形で建設されました。「相撲の聖地」が復活したというわけです。

一万人を収容できる国技館は、相撲以外のイベントも催される多目的ホールで、相撲博物館も併設されています。

江戸東京博物館

平成五年（一九九三）に「江戸と東京の歴史・文化を伝える」ことを目的に設立されました。建物は大型の「高床式」の構造で、じつにユニークな外観です。

日本橋の初代の木橋の北側部分を原寸で復元したものや、江戸城本丸大手門の前に建てられた越前福井藩主・松平伊予守の上屋敷、さらに江戸城で諸大名が将軍に拝謁する大広間・松の廊下・白書院などが復元されています。

東京都復興記念館

関東大震災の被災状況を後世に伝えるために、さまざまな品物・写真・資料を保存・陳列している施設です。場所は両国国技館と江戸東京博物館から北へ少しばかり歩いたところです。

元陸軍被服廠があった場所で、土地の公園化を進めていたときに関東大震災が起こりました。そのため犠牲者の霊を追悼する震災記念堂が建設され、さらに東京都復興記念館が併設されました。

戦後になって、震災記念堂には東京大空襲の身元不明の犠牲者が合祀され、東京都の慰霊施設「東京都慰霊堂」と改称されることになりました。多くの犠牲者を出した下町に暮らす私にとって、忘れてはならない場所です。

亀戸神社

江東区亀戸に鎮座する「学問の神様」菅原道真をお祀りする神社です。東宰府天満宮や亀戸天満宮の別名でも呼ばれています。

江戸時代の初めに太宰府天満宮から勧請し、一月のうそ替え神事が有名です。この神事は、江戸時代に参拝に来た人びとが「うそ」と呼ばれる鷽鳥の姿に似せたコケシ風の置物を交換する行事としてはじまりました。

その後、神社が新たなうそをつくり、うそを取り替えることで、これまでの悪いことを嘘にする神事になりました。

すみだ北斎美術館

平成二八年（二〇一六）に開館した美術館です。江戸時代後期の天才的な浮世絵師・葛飾北斎の生まれた墨田区亀沢にあります。

北斎は本所割下水付近で生まれ、六歳から絵を描くことに興味を覚えたといわれています。はじめは貸本屋で働き、版木彫りの仕事に転じ、浮世絵師・勝川春章に弟子入りしたのち独立。中年になってから葛飾北斎と名乗ったそうです。

驚くのは七五歳で『富嶽百景』を刊行し、九〇歳まで長生きして、終生、絵師として活躍したことです。このバイタリティは見習いたいですね。

〈名店〉

墨堤の花見客に大評判となった逸品

長命寺桜もち

江戸時代から、桜の名所といえば向島墨堤のソメイヨシノ。そして向島といえば長命寺、長命寺といえば桜もちです。

享保二年（一七一七）、初代山本新六さんが、墨堤の桜の葉を樽に塩漬けにし、それで餡入りの餅を包んで「桜もち」として売り出したのがはじまり。江戸の花見客に大評判となった「長命寺桜もち」はいまも愛されつづけて、桜の時期には次から次へとお客さまがお見えになります。

独特の香りがする桜もちの葉は大島桜を使っていますが、桜の葉にはクマリンという芳香をもつ化合物が含まれているそうです。桜の葉は一年間塩漬けしたのち、湯で洗って塩出しをし、三枚で餅を包みます。その昔は、餅が小さかったので二枚だったとか。

地方からお見えの方が葉っぱごと食べていたので、「お客さま、皮をむいて召し上がるんですよ」といったところ、「まあ、そうかね」と川（隅田川）に向かって食べたという小噺もあります。


「人形は顔がいのち」

吉徳

お人形のようなかさばるものは舟便で運ぶのが

よいということで、正徳元年（一七一一）、現在お店のある浅草茅町に初代治郎兵衛さんが人形玩具店を開かれました。屋号は「吉野屋」。六代将軍徳川家宣公に屋号を尋ねられたとき、葭簀張りの店で商いをしていたので「よしずや」とお応えしたところ、「それでは不風流じゃ、よしのやと名乗れ」といわれたそうです。六代目吉野屋治郎兵衛さんが徳兵衛と改名し、以来「吉徳」と呼ばれて今日にいたっているとのこと。

「人形は顔がいのち」の吉徳さんでは、雛人形でも五月人形でも職人さんの一流の技が光る逸品ぞろい。お子さんが生まれたお祝いには、やはりこちらのお人形を差し上げることにしています。

浅草橋の本店四階には「吉徳これくしょん」の展示室を開設。江戸時代から現代までの、さまざまな人形や玩具、そしてそれに関連する絵画や文献などの貴重な資料が展示されています。歴史ある老舗のコレクションで、雅な人形の世界をぜひご堪能ください。

江戸からの亀戸天神の門前茶屋
亀戸船橋屋

初代勘助さんは千葉県北部の下総国のご出身。良質の小麦がよく穫れる土地柄、当時から小麦粉を発酵させてくず餅を作っていたそうです。文化二年（一八〇五）、その技術を引っさげて江戸へ出てきた勘助さん、亀戸の天神さまの前を通りかかったところまさに花盛りのすごい人出。ここでくず餅を売ろうと天神さま出入りの植木屋さんを通して交渉し、境内で蒸かしながら、黒蜜ときな粉をかけたくず餅を売りだします。すると、またたく間に参拝客に評判となり、いつしか江戸名物のひとつとなったそうです。

国内産の上質な小麦澱粉を天然水で一年以上かけて発酵精製し、それを蒸し上げて作るくず餅は、口に入れたときの食感がなんともいえません。そしてかけていただく糖蜜も、沖縄の黒糖だけだと苦めなので、六種類の砂糖をブレンドして八時間かけて作っているそうです。

もちもちっとした歯ざわり、香ばしいきな粉とコクのある糖蜜が独特の「船橋屋」さんのくず餅。創業以来守りつづけているこの味を、亀戸天神にお詣りしたらぜひ立ち寄ってお召し上がりください。

ことにきな粉には、レシチン・コリンという特殊な成分が含まれていて、コレステロールを少なくし、皮膚のツヤをよくし、認知症や心臓病、ガン予防にもいいそうなので、たっぷりかけることをお薦めします。

ちくま味噌

「駒形どぜう」創業以来のおつきあい

元禄元年（一六八八）深川永代橋際に味噌醸造をはじめ、「乳熊屋作兵衛門商店」としたのが「ちくま味噌」さんのはじまりだそうです。「駒形どぜう」では、創業以来使っているのがこちらの甘味噌。麹をたっぷり使った江戸甘《えどあま》の味で、とろりとしたとろみのあるどぜう汁になるのです。

また、江戸の老舗にふさわしく、討ち入りをした赤穂浪士とのエピソードもおもちです。

乳熊屋の初代作兵衛さんは俳句をたしなみ、松尾芭蕉の門弟・宝井其角に師事していたそうです。赤穂浪士のひとりである大高源吾とは俳諧仲間でもありました。赤穂浪士がめでたく本懐を遂げて泉岳寺へ引きあげる際に永代橋に差し掛かると、一行を店に招じいれ、甘酒粥を振る舞って労をねぎらったそうです。大高源吾は棟木に由来を認《したた》めたのち、看板を書き残して去っていきました。

赤穂浪士の討ち入り成功に湧く江戸では、これが大評判となり江戸名所のひとつとなったそうです。

桜橋の名物ここにあり

言問《こととい》団子《だんご》

隅田川に架かる桜橋の向島側橋詰にある「言問団子」は、江戸末期の創業です。「言問」の名は、『古今和歌集』収載の在原業平《ありわらのなりひら》の和歌「名にし負《お》はばいざ言問はむ都鳥　わが思ふ人は有《あり》やなしやと」にちなむもので、この歌の舞台は隅田川沿いといわれているそうです。

江戸でも郊外にあたる向島は、元禄の頃より四季折々の美しい景観をもとめて訪れる文人墨客が多かったところ。そんなひとたちの求めに応じて、お団子や渋茶を出すようになったのがお店のはじまりとのことです。

店頭に並ぶのは、小豆餡と白餡、味噌味の餡の三色のお団子。そのやさしい甘味は、いつ食べてもこころが和みます。

炭火でいただく鴨のすき焼き

両国橋鳥安

明治五年（一八七二）創業の合鴨料理の老舗。秋田佐竹藩の江戸留守居役であった初代が、当時縁の深かった歌舞伎役者・五代目尾上菊五郎丈に勧められて「あひ鴨一品」の看板を掲げて両国橋の西詰めに創業したそうです。

作家の島崎藤村、横光利一、谷崎潤一郎、円地文子や、映画監督の小津安二郎など、多くの文人に愛されつづけてきました。

名物の料理は、皮付きのまま分厚く切った合鴨の肉を炭火の鉄鍋で焼きながら、たっぷりの大根おろしを入れた醬油で食べるすきやき。一度食べると忘れられない味なので、冬になって相鴨のシーズン到来となると一度は必ず伺うお店です。

上野・谷中・根岸界隈

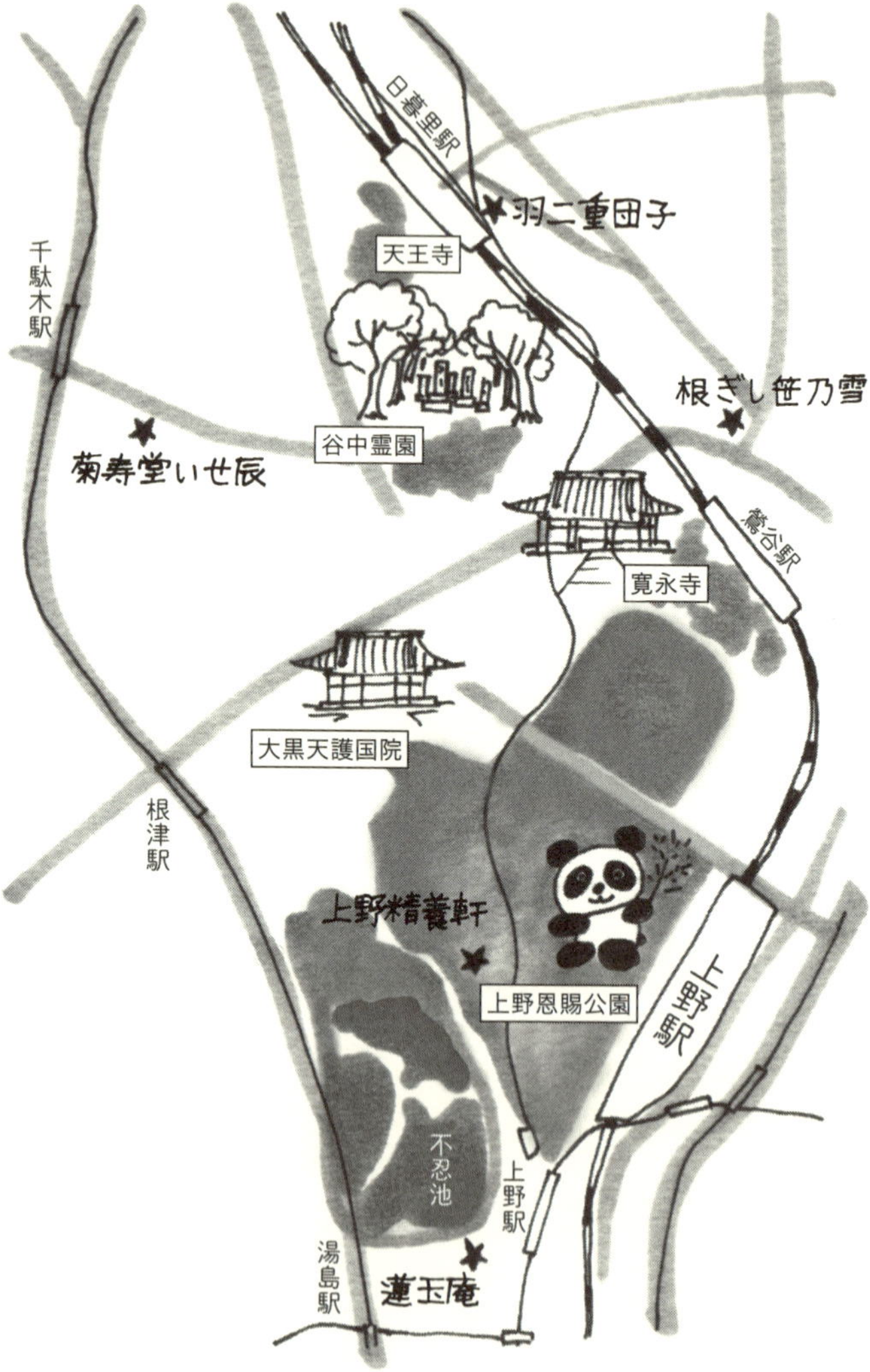

日暮里駅
羽二重団子
天王寺
千駄木駅
根ぎし笹乃雪
谷中霊園
菊寿堂いせ辰
鶯谷駅
寛永寺
大黒天護国院
根津駅
上野精養軒
上野恩賜公園
上野駅
不忍池
上野駅
湯島駅
蓮玉庵

〈名所〉

上野恩賜公園

江戸時代に東叡山寛永寺のあった場所に旧幕府軍の彰義隊が立て籠もり、新政府軍と激しい戦争になったため、一帯は焼け野原となりました。その寛永寺境内が公園となり、現在は東京国立博物館、国立西洋美術館、国立科学博物館や上野動物園があります。都市型の公園としては日本最大の面積をもつといわれ、花見の名所としても有名で、桜の季節には大勢の人が訪れます。

上野公園内には寛永寺を創建した天海僧正が琵琶湖に見立てた天然の池・不忍池があり、ここではカモやユリカモメなどさまざまな鳥を見ることができます。

寛永寺

京都の比叡山を東国に創建したと見立てて「東叡山」という山号をもつ天台宗の寺院です。徳川家康の参謀役をつとめた天海僧正が寛永二年（一六二五）に建てました。

上野台地は江戸城の鬼門の方角にあたり、鬼門封じの役割を担ったといいます。寛永寺は増上寺とともに徳川家の菩提寺となり、六人の将軍が葬られています。

しかし、幕末に彰義隊の本拠が置かれたため伽藍の大部分は焼失してしまいました。現在、江戸時代の建物で残っているのは、動物園の中に建っている五重塔と、京都の清水寺を模した清水観音堂、旧本坊の表門くらいです。

谷中霊園・谷中天王寺

谷中霊園は、かつての感応寺（現在は天王寺）の場所に作られました。感応寺は日蓮上人の弟子の日源が創建したといわれる日蓮宗の寺院です。

谷中は寺町として多くのお寺が集められ、感応寺は五重塔をもつ大寺院でしたが、邪宗とされた不受不施派に属していたというので、元禄時代に幕府から弾圧を受けました。

その後、感応寺は護国山尊重院天王寺と名を変え、富くじで知られる寺になります。

天王寺は立派な五重塔があることでも知られ、幸田露伴の小説のモデルにもなりました。しかし、残念なことに、心中による放火事件で焼失してしまいました。

大黒天護国院

護国院は、天海僧正の弟子が創建したといわれる寛永寺の子院で、現在は上野公園の中にあります。

正式名称は東叡山寛永寺護国院で、大黒天をお祀りしているところから、大黒天護国院とも呼ばれます。この大黒天は、江戸時代から台東区・荒川区・北区にある七つの寺院に祀られている谷中七福神のひとつに数えられてきました。

三代将軍徳川家光公より寄贈されたという藤原信実の手になる大黒天の画像は、江戸時代から広く人びとに知られ、お正月には多くの参拝客が訪れたといいます。私は商売柄、毎年初甲子の日にお詣りして御守りを求めます。この日にしか売っていない御守りを持つと、一年間お金に困らないといわれています。

〈名店〉

蕎麦は江戸のファストフード

連玉庵

創業は安政六年（一八五九）。時代はといいます と、幕府は神奈川、長崎、函館で、アメリカ、イギリス、フランス、ロシア、オランダと自由貿易を開始、そして巷では三遊亭円朝が、落語「累ヶ淵後日の怪談」（真景累ヶ淵）を道具仕立てで話し大当たりをした年でもあります。

上野、池の端にぴったりの風情ある「連玉庵」という店名は、信州出身の創業者、窪田八十八さんが不忍池を眺め、蓮の葉の上にある玉のような蕾にちなみ「蓮玉庵」と名付けられたそうです。

江戸時代より、上野の山は寺詣りや桜の花見、夏の蓮見に冬の雪見と、一年中ひとで賑わう名所でした。そして美術館や博物館、音楽ホールを訪れる文化人が立ち寄る蕎麦屋としても「連玉庵」さんは愛されてきました。ご贔屓のなかには、初代坂東左團次、五代目尾上菊五郎をはじめ、横山大観、谷崎潤一郎、久保田万太郎などの諸先生がいらしたそうです。なかでも何度もいらした歌人の斎藤茂吉は次のような歌を詠んでいます。

「池之端の蓮玉庵に　吾も入りつ　上野公園に行く道すがら」

もともとソバは、中国の雑草の実でしたが、それが日本へ入ってきて、米を食べることのできない貧しい人々の食べ物となり、庶民のおやつとなっていきました。江戸時代の元禄の頃からは、町内のあちこちに蕎麦屋が出現。江戸っ子は、屋台の蕎麦をつつーっとたぐって、すぐ仕事に戻っていく。いまのファストフードみたいなものだったそうです。

羽二重のような柔らかさが命

羽二重団子

「根岸名物、芋坂団子」でお馴染みの羽二重団子。初代庄五郎さんが「藤の木茶屋」という掛茶屋を開いたのが文政二年（一八一九）のこと。王子街道筋であったことと、松平家の菩提寺として由緒のある善性寺門前という土地柄に加えて、手を抜かない団子作りで評判となったそうです。うるち米を何百回も搗《っ》いて羽二重のような光沢と舌ざわりに仕上げ、辛くてべとつかない生醤油、何度も餡をさらしたこし餡で味をつけます。

足繁く訪れるお客さまには、明治の文豪である夏目漱石や森鷗外、そして正岡子規などの錚錚たる文化人がいました。久保田万太郎は「芋坂の団子さげたる賀客かな」という句も詠まれています。

その芋坂を、上野から彰義隊の残党が逃げおりて来たのが、慶応四年（一八六八）五月一五日。「羽二重団子」さんでは、彰義隊の面々に湯茶を出して慰労したそうです。その後、芋坂から日光方面に落ち延びた彰義隊士は農民に変装し、お店の縁の下に刀や槍を捨てていったとのこと。

子どもの頃、お彼岸で谷中の墓地に墓参りにいった父がお土産によく買ってきてくれました。あの柔らかさは一日しかもたないので、早速に包みを開けて餡団子と焼き団子を食べたものです。

日本のフレンチレストランの草分け

上野精養軒

江戸から明治に変わり、世の中が文明開化に湧く明治五年（一八七二）、精養軒は築地に創業しました。新橋と横浜間で鉄道が開通したとはいえ、牛肉を食べたことのある日本人はほとんどおらず、西洋料理はとても珍しいという時代でした。

明治九年（一八七六）には上野公園が開設され、それに伴い不忍池近くの現在の場所に「上野精養軒」が開業します。それ以後は、鹿鳴館時代の華やかな社交場として内外の王侯貴族や各界の名士が集うようになったそうです。

明治時代の上野公園の賑わいを描いた錦絵を見ますと、洋装の紳士淑女が行き交っています。当時は文化の中心地であったことがよくわかり、このカップルは「上野精養軒」で初めてのフランス料理に舌鼓を打ったに違いありません。

緑あふれる上野の森のなかで、いまも明治の雰囲気がただよう「上野精養軒」でタンシチューやビーフシチューなどお肉をいただくのが好きです。その味はもちろん、接客にも日本のフランス料理店の草分けとしてのプライドを感じます。

私の人生のなかで大事なお祝いの会場には、来ていただく方を心からおもてなしするために「上野精養軒」と決めております。

木版手摺りの江戸千代紙

菊寿堂いせ辰

元治元年（一八六四）創業の江戸千代紙、おもちゃ絵の版元。創業以来さまざまな柄の千代紙を木版手摺りにこだわり、作りつづけています。

そんな「いせ辰」さんにとって何よりも大切なのは、千代紙の版木です。ところが関東大震災や太平洋戦争で版木のほとんどを失ってしまいました。しかし、お店にとって最大の苦難にあうたびに、先代たちも時代の流れに翻弄されながら暖簾を守りつづけてきたのだと自らを励まされ、こつこつと版木を復刻させてきたそうです。

そういう思いが詰まった色鮮やかな江戸千代紙

の数々は、見ているだけでも江戸の美学や粋を肌で感じることができます。

こちらのお店で売られている品々は、どれも江戸趣味の方にプレゼントしたら、きっと喜ばれることを受け合います。

美味しさの秘訣は井戸水にあり

笹乃雪

こちらでは、豆腐ではなく「豆富」と書いて「とうふ」と読みます。九代目のご当主・奥村多吉さんが、料理屋に「腐る」という字はふさわしくないからと「豆富」と記すようになり、それ以来のことだそうです。

豆富料理の専門店「笹乃雪」さんは、元禄四年(一六九一)、初代玉屋忠兵衛さんが上野の宮さま(百十一代後西天皇の親王)のお供をして京都から江戸に移り、江戸で初めて絹ごし豆富を作って根岸に豆富茶屋を開いたのがはじまりだそうです。

風情のある屋号の由来は、宮さまがこのお豆富をたいそう気に入られて「笹の上に積もりし雪の如き美しさよ」と賞賛され、「笹乃雪」と名付けたことから。そのときいただいた看板は、現在も店内に掲げられているので拝見できます。

私が好きなこちらのお豆富は、質のいい大豆を原料として、地下八〇メートルの水脈から汲み上げる井戸水とにがりを使った創業当時の製法によるもの。ですから、江戸の人たちがこよなく愛したお味をいまでも堪能することができます。

名物のあんかけ豆富を頼むと、二椀出てきます。これはさるお偉い方が「美味しいので一椀では足りない」といってからのこととか。

その理由は定かではありませんが、確かにぺろりと二椀いただける美味しさです。

あとがき

改めて「江戸文化道場」の二〇〇回を振り返ってみると、本当に時が経つのは早いものだと思います。この三三年間、お客さまとともに学び、少しずつ江戸の商人の気持ちになってきたような感じがいたします。

この間、大変嬉しいこともありました。二一世紀がはじまり、「駒形どぜう」が創業二〇〇年を迎えた年、奇しくも「江戸文化道場」一〇〇回の開催に対して「メセナ大賞二〇〇一　地域文化賞」と「メセナノート読者賞」をダブル受賞したのです。

渋谷店では毎月一回三遊亭圓彌師匠にお願いして「どぜう寄席」を、そして二か月に一回奇数月に「どぜうサロン」と称して、私どものお客さまのなかから團伊玖磨さん、小沢昭一さん、野坂昭如さん、早坂暁さん……など錚錚たるスペシャリストの方にご講演いただく会を開催しておりました。さらに季刊で発行していた小冊子『どぜう往来』など、「江戸文化道場」を中心とする私どもの活動に対して、江戸文化を多角的にとらえ、毎回異なる講師をお招きする企画力などが高く評価されて地域文化賞受賞のはこびとなりました。

たしかに毎月、講演者の選定と依頼に時間を取られて、商売を間違えたかと思うほどの忙しさでした。しかし、優れ者の和田渋谷店長、「くん企画」の伊藤薫さん、本店の安丸さん、須藤さん、谷さんという素晴らしいスタッフ、小冊子『どぜう往来』の企画をご提案いただいた小暮進さん、かれこれ四〇年もお付き合いのあるカメラマンの竹林龍三郎さん、今回の本でもすっかりお世話になったフリー編集者の藤井恵子さんたちの銭金抜きの応援のおかげで、なんとかここまで続けることができました。このことに、まずもって深く感謝しております。

このなかには若くして既に故人となられた方がたもいらして、とても残念な気持ちでいっぱいです。

そして「江戸文化道場」は、初回からほとんどお休みなしに司会をしてくださっている講釈師の宝井琴梅先生との出会いがなければ、ここまで続けることができませんでした。改めて心より感謝いたします。

さて、記念すべき二〇〇回はどなたにご登場いただこうかと知恵を絞って考えましたところ、江戸っ子が敬愛してやまない徳川将軍しかいないと思いあたりました。私の大学のゼミの後輩に水戸徳川家の一五代当主・徳川斉正《とくがわなりまさ》さんがおり、彼の曾祖父が江戸幕府最後の将軍である徳川慶《よし》喜《のぶ》公なのです。

当日は「水戸徳川家を貫いたもの　明治維新一五〇年に思う」と題して、歴史ある徳川御三家ならではの大変貴重なお話を聞くことができました。そしてさらに後日、校外学習として満開の水戸偕楽園の梅と徳川ミュージアムを訪ねるバスハイクを開催。徳川斉正さんには地元をご案内していただき、ご参加されたお客さまとともに早春の楽しい思い出となりました。

私は幼少の頃は病弱で、親にいつまで生きられるかと心配をかけ、戦前から終戦直後まで神奈川県の葉山に転地療養をさせてもらいましたが、おかげさまで八〇歳を迎えることができました。まだまだ元気で江戸文化を学び親しんで、大勢のお客さまと一緒に楽しんでまいりたいと願っております。

今回の出版に当たっては、亜紀書房の高尾豪さんに大変お世話になり、感謝申し上げます。

令和元年六月

駒形どぜう 六代目 越後屋助七　渡辺孝之

戸文化道場
どぜう

「江戸文化道場」開講録（1986年4月～2019年6月）

1986年

1 坂野比呂志・香具師　江戸の物売り

2 橘右近・噺家、橘流寄席文字家元　ビラ字から寄席文化へ

3 悠玄亭玉介・幇間　幇間芸・吉原再現

4 平野雅章・食物史研究家　江戸の食文化

5 落語で聞く江戸の世界その1

6 松下薫・熊手師　☆駒形酉の市

1987年

7 矢崎秀雄・「うぶけや」七代目　林家今丸・紙切り芸人　江戸刃物と紙切り

8 川崎房五郎・江戸歴史研究家　江戸の庶民史

9 川上桂司・「ふじや」初代　江戸手ぬぐい

10 宝井琴梅・講釈師　江戸講談

11 【特別企画】大山まいり

12 関岡扇令・木版画摺師　千社札

13 小山観翁・イヤホンガイド解説員　歌舞伎その1　☆駒形酉の市

1988年

14 桜川ぴん助・櫻川流「江戸芸かっぽれ」家元　かっぽれ

15 牧野玩太郎・江戸玩具研究化　江戸玩具

16 川崎房五郎・江戸歴史研究家　江戸と農村

17 小川文男・「竺仙」五代目　ゆかた

18 【特別企画】舟あそび

19 福田利子・「松葉屋」女将　廓の話

20 平野雅章・食物史研究家　江戸の味・上方の味　☆駒形酉の市

1989年

21 相澤市郎・江戸消防記念第五区三番組小頭　江戸町火消し

22 林順信・旅行ジャーナリスト　江戸神輿談義

23 関岡扇令・木版画摺師　浮世絵

24 特別企画　隅田川の花火

25 川崎房五郎・江戸歴史研究家　与力、同心、岡っ引き

26 滑川正男　江戸の夜空を彩った花火

27 小山観翁・イヤホンガイド解説員　歌舞伎、忠臣蔵の世界　☆駒形酉の市

1990年

28 平野雅章・食物史研究家　芭蕉の食生活

29 山本幸生・「長命寺桜もち」店主　長命寺「桜もち」

30 永六輔・作家　江戸の彩り
31 平野英夫・ジュエリーデザイナー　江戸の装身具・女性
32 川崎房五郎・江戸歴史研究家　絵島・生島
33 【特別企画】お酉様参り
34 平野英夫・ジュエリーデザイナー　江戸の装身具・男性　☆駒形酉の市

1991年

35 西山鴻月・押絵羽子板師　羽子板
36 渡辺孝至・船橋屋七代目　大鳥居武司・亀戸天神十二代宮司　亀戸天神とくず餅
37 講談と落語で聞く江戸の世界その2
38 【特別企画】秩父札所参り
39 坂本五郎・刺青師　彫り物
40 川崎房五郎・江戸歴史研究家　文明開化
41 林順信・旅行ジャーナリスト　江戸の凧　☆駒形酉の市

1992年

42 落語で聞く江戸の世界その3
43 石井鉞一郎・「大嶋屋」店主　提灯
44 小島貞二・作家　扇ひさ・端唄　都々逸
45 【特別企画】花柳界入門（於向島料亭）
46 澤島孝夫・「蓮玉庵」六代目　蕎麦の話
47 川崎房五郎・江戸歴史研究家　銀座煉瓦街
48 大友一平・元文化放送演芸プロデューサー　江戸の女性は強かった　☆駒形酉の市

1993年

49 永山久夫・食文化史研究家　江戸っ子流好色長寿法
50 浦井正明・寛永寺執事　徳川将軍物語
51 【特別企画】ふじとつつじを愛でる
52 杉昌郎・舞踊作家　江戸の音楽
53 坂真次郎・観世流能楽師　能の話
54 河野英男・浅草鷲神社七代目宮司　お酉様
55 宝井琴梅・講釈師ほか　リレー講談忠臣蔵　☆駒形酉の市

1994年

56 林順信・旅行ジャーナリスト　古地図を読む
57 小林すみ江・「吉徳」資料室長　人形あれこれ
58 浦井正明・寛永寺執事　家光・家康・天海
59 小峯定雄・江戸青果物研究連合会会長　野菜と果物
60 倉本清晴・「秋色庵大坂屋」店主　秋色最中
61 【特別企画】江戸東京博物館
62 落語で聞く江戸の世界その4　☆駒形酉の市

1995年

63 杉昌郎・舞踊作家　江戸浄瑠璃
64 吉村武夫・花嫁綿社長、作家　大江戸風流名物くらべ
65 森田正司・鼈甲師　鼈甲の話
66 丸謙次郎・江戸囃子　祭りと囃子（於アサヒスーパードライホール）
67 林順信・旅行ジャーナリスト　古地図で読む　江戸の坂

68 講談と落語で聞く江戸の世界その5　☆駒形酉の市

1996年

69 榎本滋民・作家、落語研究家　江戸のカレンダー

70 荒井三禮・三禮派勘亭流家元　勘亭流文字

71 米吉・呼出し　木村善之輔・十両格行事　櫓太鼓

72 丸謙次郎・江戸囃子　神楽囃子（於アサヒスーパードライホール）

73 永山久夫・食文化史研究家　世之介の長寿食

74 落語で聞く江戸の世界その6　☆駒形酉の市

1997年

75 澤野修一・「羽二重団子」七代目　浦井正明・寛永寺執事　羽二重団子と彰義隊

76 篠原儀治・「篠原風鈴」二代目　江戸風鈴

77 林順信・旅行ジャーナリスト　江戸の川

78 友吉鶴心・琵琶奏者　薩摩琵琶（於アサヒスーパードライホール）

79 玉川福太郎・浪曲師　浪曲変遷

80 恒例駒形酉の市

1998年

81 浦井正明・寛永寺執事　富くじ

82 落語で聞く江戸の世界その7

83 榎本滋民・作家、落語研究家　江戸の金銭

84 丸田美紀・箏奏者　箏曲・現代との融合（於アサヒスーパードライホール）

85 永山久夫・食文化史研究家　江戸っ子の不老長寿食

86 鈴木治彦・TVコメンテーター&キャスター　おもしろザ・歌舞伎　☆駒形酉の市

1999年

87 福田永昌・元三役格呼出し　相撲甚句

88 山本一雄・「さるや」八代目　楊枝

89 小林一夫・「ゆしまの小林」四代目　江戸千代紙

90 三遊亭圓彌ほか　住吉踊り（於アサヒスーパードライホール）

91 吉原健一郎　江戸の落書き

92 浪曲元禄繚乱　☆駒形酉の市

2000年

93 アダム・カバット・武蔵大学教授　江戸の不思議な化け物たち

94 井上喜夫・指物師　江戸指物

95 永山久夫・食文化史研究家　江戸庶民の知恵に学ぶ

96 藤舎清成・日本太鼓道場主宰　丸謙次郎・江戸囃子　太鼓と笛の競演（於アサヒスーパードライホール）

97 宮本芳宏「宮本卯之助商店」七代目　太鼓の話

98 越川禮子・作家、「江戸しぐさ」理事長　江戸しぐさ　☆駒形酉の市

2001年

99 澤野庄五郎・「羽二重団子」六代目　根岸界隈

100 永六輔・作家　大坂から江戸下り

101 竹内誠・江戸東京博物館館長　江戸の大人の漫画～黄表紙の世界～
102 小野貴嗣　小野照崎神社宮司・小野雅楽会会長　雅楽の夕べ
（於アサヒスーパードライホール）
103 金原亭小駒　蝶花楼馬楽・噺家　落語で聴く江戸の女
104 大友一平・元文化放送演芸プロデューサー　知恵くらべ今昔　☆駒形酉の市

2002年

105 林順信・ジャーナリスト　江戸の五街道
106 片岡鶴太郎・俳優　江戸よもやま話
107 榎本滋民・作家、落語研究家　大身武士の守名乗り
108 都家歌六・噺家　のこぎり音楽家　レコード100年史　ミュージカルソーコンサート
（於アサヒスーパードライホール）
109 高瀬昌弘・映画監督　鬼平犯科帳の世界
110 宝井琴調　宝井琴柳・講釈師　赤穂浪士三〇〇年　☆駒形酉の市

2003年

111 北原進・江戸東京博物館都市歴史研究室長　江戸城と庶民
112 永山久夫・食文化史研究家　頭イキイキ血液サラサラの食事術
113 林順信・旅行ジャーナリスト　江戸の大火
114 若柳雅康・日本舞踊家　宝井琴梅・講釈師　納涼祭・舞踊と講談のコラボレーション
（於アサヒスーパードライホール）
115 白井和雄・消防史研究家　火災から江戸を護った火消したち
116 田辺鶴女・講釈師　金原亭馬の助・噺家　☆駒形酉の市

2004年

117 川上桂司・「ふじや」初代　歌舞伎と手拭い
118 櫻川七好・幇間　幇間芸
119 北原進・立正大学名誉教授　江戸の札差
120 竹内将・時代衣装着付師　歌舞伎衣裳着付け体験
（於アサヒスーパードライホール）
121 宮田章司・和風漫談家　江戸の売り声歳時記
122 宝井琴柳　桃川鶴女・講釈師　☆駒形酉の市

2005年

123 春風亭栄枝・噺家　江戸の狂歌
124 秋山忠彌・江戸史研究家　遊女の手練手管と心中箱
125 吉田豊・古文書研究家　古文書解読
126 納涼ＪＡＺＺの夕べ
（於アサヒスーパードライホール）
127 北原進・立正大学名誉教授　大泥棒と御金蔵破り
128 宝井琴調　桃川鶴女・講釈師　☆駒形酉の市

2006年

129 永山久夫・食文化史研究家　おもしろく長生きするための「おばあちゃんのひとこと」
130 吉田幸助・文楽人形主遣い　高木秀樹・イヤホンガイド解説員　文楽

131 松旭斎小天華・手品師　江戸手品
132 納涼ハワイアンの夕べ
（於アサヒスーパードライホール）
133 吉田豊・古文書研究家　古文書入門
134 宝井琴調　桃川鶴女・講釈師　☆駒形酉の市

2007年

135 恩田瞬史・「大嶋屋恩田」五代目　提灯
136 鈴木治彦・TVコメンテーター&キャスター　おもしろザ・歌舞伎
137 入船亭扇橋・噺家　俳句よもやま話
138 池田直樹　池田早苗・オペラ歌手　日本の心を唄うパートⅠ
（於アサヒスーパードライホール）
139 吉田豊・古文書研究家　町人御能拝見
140 蝶花楼馬楽・噺家　桃川鶴女・講釈師　☆駒形酉の市

2008年

141 小泉武夫・農学博士　江戸の酒のミステリー
142 北原進・元江戸東京博物館学芸員　細山田正人・小学館編集者　江戸検定の楽しさ
143 河治和香・作家　国芳漫画を楽しむ
144 都家歌六・のこぎり音楽　のこぎり音楽と講談の夕べ
（於アサヒスーパードライホール）
145 澤島忠・映画監督　チャンバラ監督への道を拓いてくれた人々
146 田辺鶴瑛・講釈師　金原亭馬の助・噺家　☆駒形酉の市

2009年

147 呉光生・歴史家　江戸に住まう人々の普通の暮らし
148 柳家さん八・噺家　花見の落語
149 霞信彦・慶應義塾大学教授　捕物帖の世界へ　その実像と虚像
150 永六輔・作家　江戸芸お座敷木遣り・住吉踊り
（於アサヒスーパードライホール）
151 天野亀太郎・天野屋六代目　江戸時代の甘みについて
152 桃川鶴女・講釈師　春風亭美由紀・俗曲師　☆駒形酉の市

2010年

153 櫻川七好・幇間　江戸の遊び
154 大友一平・演芸ジャーナリスト　江戸の演芸・江戸っ子が好んだ寄席の世界、隅田川にかかわる噺の数々
155 大沢悠里・ラジオ司会者　江戸っ子気質を語る・屁の突っ張りにもならない話
156 蝶花楼馬楽・噺家　春風亭美由紀・俗曲師　三枝美佐・ピアニスト　納涼駒形寄席
（於アサヒスーパードライホール）
157 秋山忠彌・江戸史研究家　粋と達と通と意気
158 桃川鶴女・講釈師　橘右楽（橘流寄席文字家元）「赤穂義士伝」と「寄席文字」　☆駒形酉の市

2011年

159 河井正朝・慶應義塾大学名誉教授　浮世絵に見る浅草
160 林家さん八・噺家　落語「崇徳院」
161 坂東三津之助・歌舞伎役者　歌舞伎の舞台化粧「隈取」の不思議

162 鈴木治彦・元TBSアナウンサー　サンバdeどぜう　東日本大震災支援イベント（於アサヒスーパードライホール）

163 坂真太郎・能楽師　江戸と能楽

164 田辺銀冶　神田すず　宝井一凜・講釈師　講談の夕べ　☆駒形酉の市

2012年

165 宝井琴梅・講釈師　林家花・紙切り師　講談と紙切り

166 小林すみ江・人形吉徳資料室長　江戸川柳に見る節句風景

167 小竹直隆・江戸城再建を目指す会理事長　江戸城天守閣の再建を目指す

168 宝井琴梅・講釈師　ジャズ講談（於アサヒビールフラムドール）

169 木村吉隆・「江戸趣味小玩具　助六」五代目　江戸の縁起物

170 玉川太福・浪曲師「石松代参」☆駒形酉の市

2013年

171 渡部潤一・東京国立天文台副台長　江戸の天文学と浅草天文台

172 平野英夫・其角堂コレクション主宰　江戸の火事装束

173 林えり子・作家　江戸の「講」について

174 浅草レヴュー劇団「虎姫一座」歌謡レヴュー（於アサヒビールフラムドール）

175 中村梅吉・「白木屋傳兵衛商店」六代目　箒にまつわる話

176 宝井一凜　宝井琴梅・講釈師　☆駒形酉の市

2014年

177 二代目林家三平・噺家　新春初笑い

178 櫻川七好・幇間　浅草紫沙（あさくさしさ）・地方三味線　浅草花柳界のお座敷芸

179 林丈二・絵はがきコレクター　絵はがきに見る江戸のなごり

180 池田直樹　池田早苗・オペラ歌手　日本の心を唄う（於アサヒビールフラムドール）

181 安村敏信・美術史家　元禄浮かれ人英一蝶

182 柳家さん八・噺家　宝井琴梅・講釈師　☆駒形酉の市

2015年

183 善竹富太郎・大蔵流狂言師　善竹富太郎のお座敷狂言

184 吉村俊之・豊島屋一六代目　江戸・東京の日本酒「山なれば富士、白酒なれば豊島屋」

185 山田俊幸・作家　明治・大正の江戸文化復興事情

186 蝶花楼馬楽・噺家ほか　納涼のゆうべ（於アサヒビールフラムドール）

187 鈴乃家梅奴・鈴乃家流かっぽれ家元　江戸庶民芸かっぽれ発祥の謎

188 桂右團治・噺家　宝井琴梅・講釈師　☆駒形酉の市

2016年

189 河治和香・作家　春画入門～江戸のエスプリ～

190 宮本芳彦・宮本卯之助商店社長　三社祭の御神輿物語

191 大竹道茂・地産地消の仕事人　江戸

192 東京野菜には物語がある

秋満義孝クインテット　納涼サンバ祭り

（於アサヒビールフラムドール）

193 黒川利彦・黒川和裁　着物の原点は江戸時代にあり

194 田辺銀冶　宝井琴梅・講釈師　義士特集　☆駒形酉の市

2017年

195 扇よし和・小唄扇派二代目家元　小唄の世界

196 吉田豊・古文書研究家　マザコン将軍綱吉

197 鏡味味千代・太神楽師　太神楽

198 蝶花楼馬楽・噺家ほか　納涼駒形寄席

199 山本益博・落語研究家　落語の見方・聞き方

200 徳川斉正・水戸徳川家一五代目　水戸徳川家を貫くもの

2018年

201 坂真太郎・能楽師　江戸と能楽

202 服部征夫・台東区長　江戸ルネサンス元年

203 五十嵐淳子・歌舞伎解説者　歌舞伎はこんなに面白い

204 河治和香・作家　生誕二〇〇年「北海道の名付け親」松浦武四郎って、どんな人？

205 金原亭馬の助・噺家　宝井琴梅・講釈師　恒例駒形寄席

206 宝井琴梅・講釈師ほか　講談　忠臣蔵特集　☆駒形酉の市

2019年

207 高木秀樹・イヤホンガイド解説員

浅草と歌舞伎の関係

208 根岸禮知・端唄根岸流三代目家元

浅草で楽しむ端唄

209 細田安兵衛・榮太樓總本鋪相談役

日本橋旦那の粋の話

越後屋助七（えちごや すけしち）

1939年東京・浅草に生まれる。慶應義塾大学商学部を卒業後、京都「美濃吉」で修業。63年に家業である江戸時代から続くどぜう料理店「駒形どぜう」に入り、91年、六代目越後屋助七を襲名。五代目が再建した出し桁造り・総檜の店は、江戸の風情と味を堪能できる老舗として人気。浅草本店にて隔月開催する「江戸文化道場」の実績により、2001年メセナ文化賞を受賞。蕎麦打ちの腕は名人級で、フランス、スペイン、ハワイ、台湾など海外でも江戸の蕎麦文化を伝えるべく活動中。著者に『駒形どぜう六代目の浅草案内　今に生きる江戸っ子の味、技、人情』（小学館）がある。

江戸文化《えどぶんか》いろはにほへと
粋《いき》と芸《げい》と食《しょく》と俗《ぞく》を知《し》る愉《たの》しみ

2019年8月23日　第1版第1刷　発行

著者　越後屋助七《えちごやすけしち》

編集　藤井恵子
ブックデザイン　横須賀拓
地図イラスト　なかだえり
写真　竹林龍三郎、鈴木俊介(P.95)

発行所　株式会社亜紀書房
〒101-0051
東京都千代田区神田神保町1-32
電話　(03) 5280-0261
http://www.akishobo.com
振替　00100-9-144037

印刷・製本　株式会社トライ
http://www.try-sky.com

ISBN978-4-7505-1602-8 C0020